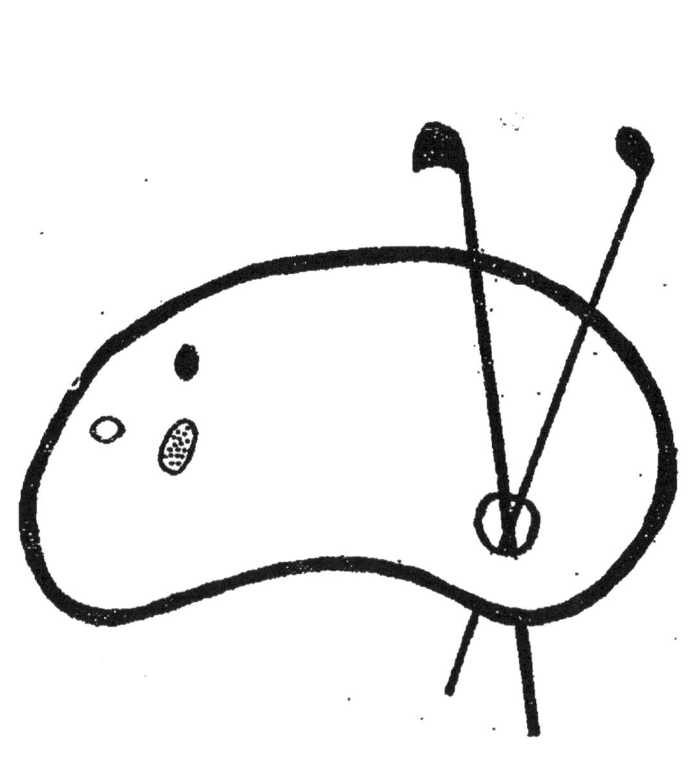

DEBUT D'UNE SERIE DE DOCUMENTS
EN COULEUR

QUESTIONS HISTORIQUES

Th. de CAUZONS

Les Vaudois et l'Inquisition

[illegible]

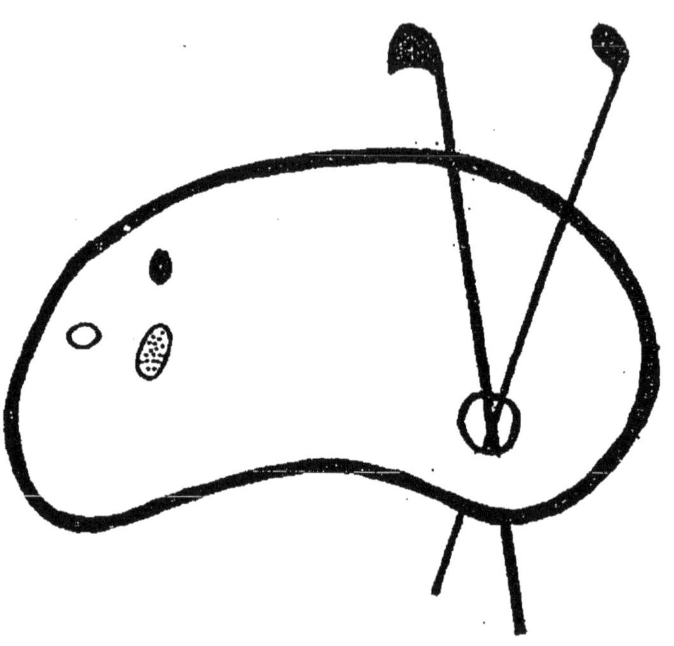

FIN D'UNE SERIE DE DOCUMENTS
EN COULEUR

LES VAUDOIS ET L'INQUISITION

MÊME COLLECTION

DU MÊME AUTEUR

Les Albigeois et l'Inquisition *(469-470)*. 2 vol. Prix... **1 fr. 20**

ALLAIN (E.). — **L'Eglise et l'Education populaire sous l'Ancien régime** *(163)*.................................... 1 vol.
AZAMBUJA (G. d'). — **Ce que le Christianisme a fait pour la femme** *(64)*.................................... 1 vol.
BESSE (J. M.). — **Les Saints protecteurs du Travail** *(336)* 1 vol.
DESLANDRES (P.). — **L'Eglise et le Rachat des captifs** *(199)* 1 vol.
GOURLET (A. de). — **Les Vierges chrétiennes** *(403)*....... 1 vol.
GUILLOT (Gaétan). — **Les Moines précurseurs de Gutenberg,** *Etude sur l'invention de la gravure sur bois et l'illustration du Livre (372)*.................................... 1 vol.
SABATIER (Maxime). — **L'Eglise et le Travail manuel** *(37)*. 1 vol.
BAUDRILLART (Alfred). — **Le Renouvellement intellectuel du Clergé au XIX° siècle. — Les Hommes. — Les Institutions** *(263)*.................................... 1 vol.
BERNARD (Paul). — **La Persécution religieuse en Allemagne (1872-1879** *(260-261)*.................................... 2 vol.
Chaque volume se vend séparément.
I. — *Les Congrégations*.................................... 1 vol.
II. — *Le Clergé et les Catholiques*.................................... 1 vol.
GEOFFROY DE GRANDMAISON (L.). — **Le Jubilé de 1825.** *Etude historique (186)*.................................... 1 vol.
HOURAT (P.). — **Le Syllabus,** *Etude documentaire*. 3 volumes, *se vendant séparément.*
PREMIÈRE PHASE : 1849-1861. — I. *Enquête dans le monde catholique sur les erreurs modernes. — Lettre pastorale de Mgr Gerbet (299)*.................................... 1 vol.
DEUXIÈME PHASE : 1861-1862. — II. *Travaux de la commission : Deuxième et troisième projet de Syllabus. — Communication aux évêques. — Leur réponse (300)*.................. 1 vol.
TROISIÈME PHASE : 1862-1864. — III. *Rédaction définitive et promulgation du Syllabus, **Texte** du Syllabus et de l'Encyclique* Quanta Cura. *Circulaire ministérielle. — Lettres épiscopales (301).* 1 vol.
RICHÉ (J.). — **Les Articles organiques** *(341)*.............. 1 vol.
VILLEFRANCHE (J.-M.). — **Histoire et légende de la Congrégation** (1801-1830) *(139)*.................................... 1 vol.

QUESTIONS HISTORIQUES

LES VAUDOIS

ET

L'INQUISITION

PAR

Th. de CAUZONS

PARIS
LIBRAIRIE BLOUD & Cie
4, RUE MADAME, 4
1908

AVANT-PROPOS

Malgré les nombreux écrits qui traitent d'eux, les Vaudois n'ont pas encore leur histoire. La difficulté de composition d'un tel livre tient à la dissémination excessive des Vaudois, à la grande variété des sectes issues d'eux, et surtout, à la rareté des ouvrages sortis de leurs plumes. On possède en effet une lettre des Vaudois de Lombardie à ceux d'Allemagne, touchant les difficultés qui les séparent de leurs frères de France. Cet écrit est de 1218 (1). Il nous reste des copies plus ou moins interpolées des versions de l'Écriture, de petits traités mystiques ou religieux, contenus dans des manuscrits du xve siècle, mais qui peuvent être de composition antérieure (2), quelques traductions ou compilations de sentences des Pères de l'Eglise : c'est à peu près tout ce que nous avons conservé de l'ancienne littérature vaudoise. Il est juste d'y ajouter quelques morceaux de lettres échangées, entre les Vaudois de Lombardie et ceux d'Allemagne, à l'occasion de certains apostats de Styrie. Ces lettres sont de

(1) Ou de 1230. Il a été publié par Preger sous le titre : *Rescriptum haeresiarcharum Lombardie ad pauperes de Lugduno, qui sunt in Alamania*, dans ses *Beitraege zur Geschichte der Waldesier*, 1875. Cf. Müller. *Die Waldenser und ihre einzelnen Gruppen bis zum Anfang des 14 Iahrhunderts*. Gotha, 1886, p. 21 sq. Montet. *Histoire littéraire des Vaudois du Piémont*, p. 11.

(2) Voyez dans Montet, Introduction, la liste des manuscrits d'origine vaudoise contenus dans les Bibliothèques publiques. Deux manuscrits de Paris semblent écrits au XIIIe siècle, l'un est la traduction en vieux lorrain des évangiles et des épîtres de la quinzaine de Pâques, l'autre contient en provençal les moralités sur Job de saint Grégoire le Grand.

1638 (1). Quand, après cette époque, les écrits vaudois se multiplient, ils ont subi l'influence hussite d'abord, l'influence protestante ensuite (2) ; ils ne peuvent donc, au point de vue historique, rendre que des services restreints.

On est obligé, pour parler des Vaudois, d'avoir recours aux livres des catholiques, leurs adversaires. Mais ces ouvrages, soit chroniques (3), soit œuvres apologétiques, se ressentent naturellement de la position prise par les Vaudois relativement à l'Eglise ; on ne peut compter sur leur impartialité absolue, même en supposant qu'ils connussent parfaitement les doctrines et l'organisation des hérétiques, qu'ils voulaient combattre. Les directoires inquisitoriaux peuvent fournir des renseignements fort précieux, si on tient compte toutefois que leur confirmation par la bouche des hérétiques a pu être obtenue grâce à la torture, moyen infaillible de faire dire au prévenu tout ce que désirait le juge, conforme ou non à la vérité.

En tout cas, ces documents de source catholique nous donnent peu de détails sur la vie intime des communautés vaudoises, sur les noms des chefs, leurs personnes, leurs relations avec les frères, leurs travaux apostoliques, encore moins, sur leur psychologie ou leurs pensées. Il nous faudrait cependant en savoir quelque chose pour écrire l'histoire adéquate et suivie d'une société religieuse. Aussi les travaux publiés jusqu'ici, malgré

(1) Cf. Müller, *Die Waldenser*, p. 108 ; Comba, *Histoire des Vaudois*. Paris, 1901, p. 190 sq. Ces lettres font allusion à la Règle de la secte des Vaudois, pièce éditée par Schmidt. *Zeitschrift fur historische Theologie*, an. 1852, t. XXII, p. 234 sq.

(2) Cf. Montet, p. 149 sq.

(3) Nous indiquerons, dans les notes qui suivent, les divers ouvrages, catholiques ou non, qui fournissent les bases de ce travail. Autant que possible, nous donnerons la date de l'apparition de l'ouvrage cité, et le lecteur aura ainsi une bibliographie, sinon complète, du moins bien suffisante, des écrits relatifs à la question vaudoise.

la valeur de certains d'entre eux, ont-ils été des essais ou des monographies plutôt que des histoires. Les pages qui suivent, simple chapitre de l'*Histoire de l'Inquisition en France,* n'ont pas le but de compléter les livres déjà parus, mais bien de condenser en quelques pages, d'abord, les résultats à peu près acquis sur les origines et les doctrines vaudoises ; puis, le tableau des persécutions dirigées contre les Vaudois français.

CHAPITRE PREMIER

Origine des Vaudois.

ARTICLE I. — SENTIMENT PROFOND DU BESOIN D'UNE RÉFORME.

On ne saurait nier l'existence de singuliers abus dans la société ecclésiastique du moyen âge. Sans entrer dans des détails infinis, il nous sera permis d'indiquer parmi les sources de ces abus : d'abord, la situation politique de l'Eglise dans la société féodale ; les évêques et les abbés devenus seigneurs temporels ; les papes tendant à se rendre princes indépendants, protecteurs, puis dominateurs de l'Italie (1). En second lieu, nous devons signaler l'excès des richesses, qui constituaient un danger sérieux. D'une part, elles favorisaient la luxure et la paresse dans les églises riches, la jalousie et la cupidité dans les églises pauvres ; d'autre part, elles déterminaient un malaise dans la société civile. Alors les princes s'opposaient à l'accumulation des biens ecclésiastiques, par des coups de force, de véritables vols,

(1) Fort légitime et jusqu'à un certain point indispensable dans une société où quiconque n'était pas fort risquait de devenir victime, la qualité de seigneur et *à fortiori* de souverain entraînait l'obligation de prendre les armes, d'exécuter des sentences de mort et autres, charges bien éloignées du caractère ecclésiastique. Sur les seigneuries ecclésiastiques, V. Luchaire, *Histoire des institutions monarchiques de la France sous les premiers Capétiens*, Paris 1891, t. II, p. 51.

ou des violences stupides (1), à moins qu'ils ne prissent des mesures légales approuvées en leurs conseils et dictées par la raison (2).

En dépit ou, plus justement, à cause de ces misères, il exista toujours, dans le sein de l'Eglise elle-même, un parti, plus fort à certaines époques, moins influent dans d'autres, qui, conscient de la décadence actuelle et soucieux de l'idéal proposé par le Christ à ses fidèles, chercha à réagir, en obtenant la réforme plus ou moins complète des abus. Au XIe siècle, le parti réformateur, personnifié dans les moines de Cluny, put s'appuyer sur la main vigoureuse de Grégoire VII et des papes ses contemporains (3). Le XIIe siècle entendit saint Bernard (4), et le XIIIe, Innocent III (5), tonner avec énergie contre les crimes des clercs. Leurs efforts obtinrent une réforme au moins partielle, avec la suppression des abus les plus criants. Mais, remarquons-le, les abus n'étaient pas simplement le fait des prélats, des clercs inférieurs ou

(1) Les exemples en seraient en nombre infini. V. sur ce sujet, Luchaire, *l. c.*, p. 57. F. Rocquain, *La cour de Rome et l'esprit de réforme avant Luther*, t. I, p. 3.

Les querelles des églises entre elles ou des églises avec les seigneurs remplissent tout le moyen âge. Cf. Luchaire, *l. c.*, p. 95, 97 et notes.

(2) V. Boutaric, *Saint Louis et Alphonse de Poitiers*, Paris, 1879, p. 456, sur le droit d'amortissement imposé au clergé.

(3) Cf. sur la réforme projetée et désirée au temps de Grégoire VII, Voigt, *Histoire du pape Grégoire VII et de son siècle*, traduction par Jager, Bruxelles, 2 vol. 1844, t. I, p. 85, sq. ; p. 179 sq. ; Baronius *Annales*, an. 1060, *passim* en particulier, n. 50, sq. ; Berault-Bercastel, *Histoire de l'Eglise*, nouvelle édition par Pelier de la Croix, Paris, 12 vol. 1830, t. V, l. 32 et 33 *passim* ; Rocquain, t. I, p. 7 sq. — En général toutes les histoires de l'Eglise.

(4) Cf. Sur la réforme religieuse, S. Bernardi, *Apologia, passim*, en particulier, c. VIII, IX, X ; sur la réforme de la cour romaine, S. Bernardi *de Consideratione, passim*, Vacandard, *Vie de saint Bernard, abbé de Clairvaux*, 2 vol. Paris, 1895, t. I, p. 111 sq. ; t. II, p. 436 sq.

(5) Cf. Sur la réforme de la cour romaine par Innocent III, Hurter *Histoire du Pape Innocent III et de ses contemporains*, traduite par A. de Saint-Chéron et J.-B. Haiber, 3 vol. Paris 1867, t. I, p. 121, 123 ; sur la réforme de l'Eglise, Rocquain, t. I, p. 410.

des moines, depuis longtemps déjà, ils souillaient le Saint-Siège.

Malgré la valeur personnelle des pontifes qui occupèrent le trône apostolique depuis Grégoire VII, les preuves abondent que bien des réformes eussent été nécessaires dans le gouverment central de l'Eglise (1). L'intervention des papes dans les affaires de l'empire, dans celles des principautés italiennes et, en général, dans tous les royaumes, entraînait des mécontentements et des inconvénients sans nombre (2). Leur tendance à se mêler des mille affaires des diocèses particuliers, d'une part surchargeait leur chancellerie, d'autre part nuisait à l'autorité des évêques (3). La cour romaine assiégée par les intrigues s'en défendait parfois fort mal, et tout en luttant contre la simonie au dehors, se laissait gangrener par l'amour des richesses et du luxe.

C'est un rude réquisitoire que prononçait, devant le pape Adrien IV, le moine Jean de Salisbury, plus tard évêque de Chartres : « On dit que Rome est moins la mère que la marâtre des églises ; qu'elle donne asile à des scribes et à des pharisiens, qui prétendent commander au clergé, sans

(1) Passons sous silence les affreux désordres du xe siècle où le siège de saint Pierre, jouet des ambitions des barons romains, est donné et enlevé au gré de femmes dissolues. Hefele, *Concilien geschichte*, 2e édition, n. 511, p. 575 ; Baronius, an. 907, 2 ; 908, 5 sq ; Gebhart, *l'Italie mystique*, Paris, 1893, p. 11. Il suffit de noter le jeune pape Benoît IX, élu pape à l'âge de 12 ans. Quatre fois déposé ou démissionnaire, il remonta autant de fois sur son trône. Cf. les *Histoires de l'Eglise*, Bérault-Bercastel, t. V, p. 239 ; Rohrbacher, édition de Lyon, 1872, l. 73, t. VI, p. 42, etc.

(2) On sait que la lutte commencée sous Grégoire VII pour obtenir la liberté de l'Eglise, s'était continuée pour assurer sa supériorité sur les princes. Ce fut là toute l'histoire fort passionnée et très émouvante du moyen âge. Cf. Rocquain, t. I, *passim*.

(3) Saint Bernard lui-même conseillait au pape Eugène III de se décharger du poids de ses « maudites occupations » *De consideratione*, l. I, c. III-IV ; l. II, c. VI-VIII ; l. III, c. II-IV ; Rocquain, t. I, p. 217, 218.

en être l'exemple ; qui, durs pour les pauvres, décorent leurs demeures des meubles les plus précieux ; qui oppriment les églises, soulèvent à dessein des procès et trop souvent ne rendent la justice qu'à celui qui l'achète. On ajoute que le pape lui-même est à charge au monde. Pendant que tombent en ruine les autels édifiés par nos pères, il habite des palais et se montre vêtu de pourpre et d'or. Aux mains de ces prêtres fastueux, l'Eglise du Christ s'avilit, mais un jour viendra où le fléau de Dieu s'appesantira sur eux (1). »

A cause de la haute situation du pape dans l'Eglise, il était difficile d'imposer à son entourage une réforme cependant bien nécessaire. Alors que se passait-il ?

Pendant que la masse indifférente, à son ordinaire, laissait faire ou se contentait de railleries faciles contre les vices trop marqués du clergé ou des cloîtres (2), certaines âmes plus délicates cherchaient un abri dans les monastères réputés les plus vertueux (3). D'autres gémissaient en silence, attendant l'arrivée d'un secours céleste, puisque les moyens humains ne pouvaient corriger une cour au-dessus de toute autorité terrestre, ne se reconnaissant ni contrôle ni limite (4). Il était cependant bien vraisemblable qu'un jour ou l'autre des réformateurs viendraient, ne se contentant pas de pousser des soupirs plus ou moins

(1) Joan., Sarisberiensis. *Policraticus sive de nugis curialium et vestigiis philosophorum*, libri VIII ; Migne, *Pat. Lat.*, t. CXCIX, lib. 6, c. 24. — Traduction de Rocquain t. I p. 246.

(2) Cf. *Acta sanctorum. Vita S. Dominici August.*, t. I p. 399 ; Rocquain, t. I, p. 383 ; Comba, p. 63.

(3) C'est à ce sentiment qu'on doit attribuer la fondation de Vallombreuse par saint Jean Gualbert en 1051 ; de la Chartreuse par saint Bruno en 1090 ; les différentes réformes de Cluny, Clairvaux, Citeaux, et tant d'autres fondations, prospères aux siècles les plus agités.

(4) Innocent III, l. VI, epist. 163 ; Hahn, t. I, p. 4 ; Rocquain, t. I, p. 219 sq.

discrets, d'émettre des plaintes plus ou moins éloquentes. Ils appelleraient à eux les âmes dans la peine et, avec elles, ou imposeraient à l'Eglise la réforme nécessaire, ou seraient écrasés violemment par sa puissance.

De ces réformateurs du moyen âge, les Vaudois sont bien parmi les plus sympathiques. Sans visées ambitieuses, désireux simplement de vivre une vie plus évangélique que celle des clercs de leur temps, simples dans leurs goûts, chastes dans leurs mœurs, ils auraient mérité d'être pris en haute considération, imités même par leurs adversaires. Une vraie fatalité semble cependant, dès leurs débuts, s'être acharnée sur eux. On ne comprit pas ou, du moins, on comprit trop tard (1), à quelle nécessité religieuse et sociale ils répondaient. Les premiers échecs ne firent qu'augmenter l'obstination des malheureux Vaudois et séparèrent d'une manière définitive, par un fossé que les persécutions rendirent de plus en plus profond, les disciples du même Dieu.

ARTICLE II. — ORIGINE DES VAUDOIS.

Si l'on en croyait un certain nombre d'écrits se rattachant aux Vaudois lombards du quatorzième siècle (2), les Vaudois seraient les descen-

(1) Saint Dominique, on le sait, pour combattre avec succès les Albigeois et les Vaudois du Languedoc, imita leur manière pauvre de vivre ; saint François d'Assise, à son tour, établit son ordre de la pauvreté, comme l'avaient fait les Vaudois. La preuve que la réforme vaudoise correspondait à un besoin se trouve dans les dispositions conciliantes d'Innocent III envers ceux qui voulurent se rallier à l'Eglise, sans abandonner leur manière de vivre. V. dans un sens opposé Guiraud, *Questions d'histoire et d'archéologie chrétienne*, Paris, 1906 p. 24, qui prétend trouver parmi les Vaudois des théories antisociales.

(2) *Regulæ secte Waldemium* dans la *Zeitscrift fur historische Theologie*, an. 1852, t. II, 238 seq. ; Moneta, dominicain de Crémone (1235). *Adversus Catharos et Waldenses libri quinque*, édité avec des notes de Richini, Rome 1743, p. 412, Rainer Sacchoni,

dants des premiers chrétiens, restés purs de la décadence, où le pape saint Sylvestre aurait entraîné l'Eglise. Ce pape, en effet, enrichi par Constantin, paré d'une couronne impériale, se serait, prétendent les légendes dont nous parlons, détaché tant de la pauvreté que de l'humilité primitive. Suivant son exemple, entraînée par son influence, l'Eglise s'était précipitée dans le mal (2). Quelques chrétiens, restés fidèles au Christ au milieu de la corruption générale, avaient conservé de génération en génération l'enseignement apostolique et, huit siècles après Constantin, trouvé un réorganisateur de leur communion, comme un second fondateur de l'Eglise, dans un certain Pierre, surnommé de Waldis, d'après le lieu de sa résidence (1). D'autres légendes piémontaises font descendre les Vaudois de chrétientés fondées, disent-elles, par saint Paul, dans les vallées (2) du Piémont (3).

La vérité est plus simple, et, d'après deux récits

Summa de catharis et Leonistis, écrite vers 1250, dans Martène et Durand, *Amplissima collectio*, t. V, p. 1775 ; David d'Augsbourg, *Tractatus de inquisitione haereticorum*, composé vers 1272, édité par Preger, *Abhandlungen der konigt. bayer. Akademie*, t. XIV, II, p. 183-235 ; précédemment édité sous le nom d'un dominicain Yvonet, dans Martène et Durand, *Amplissima collectio*, t. V, p. 1773 sq. La légende en question dans Preger est p. 214. Cf. Müller, p. 98, 103 ; Comba, *Histoire des Vaudois*, Introduction, Paris 1898, p. 80 ; — Léger, *Histoire générale des églises évangéliques des vallées de Piémont* ou *vaudoises*... Leyde, 1669, 2 vol. Préface. —

(1) Les Cathares adoptèrent aussi la légende de saint Sylvestre. Peut-être l'avaient-ils empruntée aux Vaudois. Schmidt, t. II, p. 106.

(2) Pseudo-Reiner dans la *Maxima Bibliotheca Patrum.*, édit. de Lyon, t. XXV, p. 261 ; Funk dans le *Kirchen lexicon*, art. Waldenser, col. 1193 ; Hahn, *Geschichte der Ketzer*, 3 vol., Stuttgard, 1847, Einleitung, t. I, p. 11 ; t. II, p. 21.

(3) Vallée, en latin Vallis, d'où Vallenses et Valdenses.

(4) Funk dans *Kirchen lexicon*, art. Waldenser, col. 1193 ; — Brez (Jacob), *Histoire des Vaudois*, 2 vol., Paris, 1710, p. 8 ; — Hahn, t. II, p. 59, note 2.

du moyen âge, qui se complètent (1) sans se contredire, se réduit à ceci : Un riche bourgeois de Lyon, Jean ou Pierre de Vaud ou de Valdo, enrichi par les prêts à intérêts, si sévèrement proscrits alors dans l'Eglise, se sentit profondément ému par les exemples du saint voyageur romain Alexis (2). Sa conversion achevée à l'audition des récits évangéliques parlant d'abnégation et de pauvreté, il se résolut de pratiquer à la lettre les conseils du Christ, comme saint François d'Assise devait le faire quelques années plus tard. Abandonnant en conséquence à sa femme ses biens fonciers, il plaça ses deux filles encore jeunes à Fontevrault, répara de son mieux les torts faits dans l'acquisition de sa fortune et distribua tout ce qui lui restait aux pauvres. Dénué de toutes ressources matérielles, il obtint d'abord d'un ami le nécessaire de chaque jour, puis, sur l'ordre de l'archevêque Guichard, s'adressa à sa femme pour sa nourriture quotidienne (1173) (3).

(1) *Chronicon anonymi canonici Laudunensis*, dans le *Recueil des Historiens de la Gaule*, par Bouquet et Brial, t. XIII, p. 680 et dans les *Monumenta Germaniæ. Scriptores*, de Pertz, t. XXVI, p. 447. Anecdotes historiques, légendes et apologues tirés du recueil inédit d'Etienne de Bourbon, dominicain du XIIIe siècle, par Lecoy de la Marche, Paris, 1877, p. 290 sq. L'ouvrage d'Etienne : *De septem donis Spiritu Sancti*, composé entre 1249 et 1261, avait été déjà édité en partie par Duplessis d'Argentré : *Collectio judiciorum*, t. I, p. 85 sq. La chronique de Laon a dû être écrite vers 1220.

(2) On connaît la légende de saint Alexis : la nuit même de ses noces, il avait quitté sa jeune épouse, sa famille, tout ce qu'il possédait. Il n'était revenu à la maison paternelle qu'après un long pèlerinage, tellement changé que son père le prit pour un mendiant. Reçu par charité, il eut pour logement, une modeste cellule, espèce de réduit sous un escalier. Il y vécut humblement et pauvrement ne se faisant reconnaître des siens qu'au moment de sa mort. Sur Pierre de Vaud, V. Chorier, *Histoire du Dauphiné*, 2 vol., 1871, t. II, p. 69.

(3) Cf. Müller, p. 3 sq. ; Hahn, t. II, p. 61, 244 sq. ; Montet, p. 28 ; Comba, p. 32 ; Bernard Gui, *Practica inquisitionis*, éditée par Douais. Paris 1886, p. 244 ; Alanus ou Alain de Lille. *De fide catholica contra haereticos* écrit vers 1202 au plus tard, édité dans les Œuvres complètes, Anvers 1654 et Migne, *Patrol. latin.*, t. CCX ; édition d'Anvers, p. 258 ; Pilichdorf ou Pierre Engelhard, curé de Pilichdorf vers 1400, *Contra hæresim Valdensium Tractatus* dans la *Bibliotheca Maxima* de Lyon, t. XXV, p. 278, 300.

Une telle conversion pouvait difficilement passer inaperçue. Elle le fut d'autant moins qu'après quelques années de recueillement et d'études (1), Valdo, se croyant, dans son enthousiasme, destiné à devenir l'apôtre et le restaurateur de la pauvreté méconnue, commença à enseigner, à tous ceux qui pouvaient l'entendre, les vérités dont il avait été frappé (1177 ou 1178). A cette époque, en effet, la prédication n'était pas réservée aux prêtres aussi strictement qu'elle l'est de nos jours. On admettait que des laïques pussent exhorter et prêcher (2) leurs compatriotes, en se conformant toutefois aux ordres des évêques et des curés (3). En fait, un certain nombre de disciples, hommes et femmes, surtout des classes populaires (4), se groupèrent autour du réformateur, prêtèrent entre ses mains les vœux de pauvreté, d'obéissance et de chasteté ; et les nouveaux apôtres se mirent à prêcher, comme leur maître, sur les places ou les voies publiques de Lyon, ainsi que dans les bourgs environnants (5).

ARTICLE III. — PREMIÈRES DIFFICULTÉS AVEC L'ÉGLISE.

Avec la meilleure volonté du monde, il était bien difficile à des prédicateurs aussi improvisés

(1) Nous manquons de renseignements sur les années ainsi écoulées. Il faut avouer, du reste, que nous ne connaissons guère que les grandes lignes de l'existence fort extraordinaire de Valdo. Les détails nous manquent, sur les points même les plus importants.

(2) C'est ainsi que saint François d'Assise et ses compagnons pouvaient prêcher, quoique laïques.

(3) Bernard de Fontcaude, *Contra Vallenses et contra Arianos*, dans la *Maxima Bibl.* P. P., Lyon, t. XXIV, p. 1585 sq. Ecrit composé entre 1180 et 1190, p. 1592.

(4) *Chronicon canonici Laudun.* ; Bouquet, 13, 680, 682.

(5) Autre ressemblance avec saint François d'Assise. La propagande de l'Armée du Salut pourrait donner de nos jours, si on tient compte des modifications exigées par le temps où nous vivons, de ces prédications populaires au moyen âge ; Etienne de Bourbon, p. 290 sq. ; Comba, p. 36, Hahn, p. 246 ; Müller, p. 7.

de ne pas tomber dans des erreurs de doctrine. Plus difficile encore d'éviter certaines exagérations ou des invectives contre la vie mondaine, les revenus et les richesses des ecclésiastiques. De là, tout naturellement, des soupçons et des plaintes. L'archevêque de Lyon crut devoir intervenir (1). Il fit défendre aux disciples de Valdo de continuer à prêcher. Assez fièrement, à l'imitation des apôtres de Jésus-Christ, et malheureusement comme bien d'autres rebelles, ils répondirent qu'ils devaient obéir à Dieu plutôt qu'aux hommes. Leur vocation, disaient-ils, à laquelle ils ne pouvaient se soustraire, était d'annoncer l'Evangile (2). L'archevêque les fit chasser de Lyon avec leur fondateur (1179) (3).

A cette époque le troisième concile général de Latran était assemblé. Valdo se rendit à Rome. Bien accueilli, dit-on, par le pape Alexandre III, qui approuva son vœu de pauvreté, le fondateur vit l'examen de son affaire confié à l'anglais Walter Map, représentant au concile du roi d'Angleterre Henri II. Il ne fut pas difficile, sans doute, au théologien de se railler de la simplicité des pauvres lyonnais et de faire rire à leurs dépens

() Pseudo-Reiner, *Maxima Bibl.*, t. XXV, p. 264 ; Comba, p. 39, note. D'après Etienne de Bourbon, ce prélat était Jean II aux Belles Mains, or il occupa le siège de Lyon de 1181 à 1200. D'autre part, la chronique de Laon met l'expulsion de Valdo en 1179 au plus tard. Il y a donc contradiction entre les deux documents. Peut-être Etienne de Bourbon s'est-il trompé sur le nom de l'archevêque, et le prélat qui expulsa Valdo fut dans ce cas Guichard aux Blanches Mains (1164-1181) *Gallia Christiana*, t. IV, col. 126, 130. A moins que le concile de Latran où assista Valdo fût celui de 1215, comme l'ont dit certains historiens, mais ce semble bien invraisemblable. Cf. Müller, p. 8, note 2 et p. 10, note 1.

(2) Yvonet, dans *Martène*, t. V, p. 1777 ; Hahn, t. II, p. 255 ; Etienne de Bourbon, p. 292.

(3) Comba, p. 38 ; Tanon, *Histoire des tribunaux de l'Inquisition en France*. Paris, 1893, p. 98 ; Bernard Gui, *Practica*, p. 245.

les Pères du Concile (1). Bonnes gens sans doute, les estimait-on, mais bien naïfs de croire ramener à l'abandon de ses richesses une Eglise, dont l'avenir semblait fondé sur la possession de solides biens fonciers. Ces bonnes gens représentaient cependant les aspirations sociales et religieuses de milliers d'âmes, et si, comme il semble, le mouvement vaudois a groupé de nombreuses communautés, en leur inspirant de la répulsion pour l'Eglise, s'il a préparé la révolution hussite, et ainsi devancé la Réforme protestante, les railleries romaines tombaient fort mal. Toutefois Valdo reçut pour lui et ses disciples l'autorisation de prêcher, sur la demande ou au moins avec l'autorisation des chefs ecclésiastiques (2). Moins heureux que lui, les Humiliés de Lombardie, dont nous allons bientôt parler, et avec qui Valdo se trouvait peut-être en rapport, recevaient la défense de faire des réunions et de prêcher (3). Que se passa-t-il ensuite ? Nous ne le savons pas. Si Valdo et ses disciples s'en tinrent à la décision pontificale, ce ne fut probablement pas longtemps, car Lucius III, dans la fameuse bulle de Vérone (1184), où il énumère les hérétiques excommuniés, cite les Humiliés ou Pauvres de Lyon (4).

(1) Walter Map, *De nugis curialium*, édition Th. Wright, London 1850, p. 61 ; Hahn, t. II, p. 257 note ; Müller, p. 9.

(2) *Chronic. canonic. Laudun.*, Bouquet, XIII, 682 ; Comba, p. 48 sq. ; Yvonet dans *Martène*, t. V, p. 1777 ; Hahn, t. II. p. 256 ; Tanon, p. 98 ; Müller, p. 10 ; Moneta, p. 402.

(3) *Chronic. canonic. Laudun.*, Pertz, t. XXVI, p. 449 ; Müller, p. 59.

(4) Funk dans le *Kirchen lexicon*, art. *Waldenser*, col. 1166 ; Pagi, annotations à Baronius, 1185, 2 ; Labbe, *Sacrosancta concilia*, 17 vol. Paris 1671, t. X, col. 1717 ; Mansi, *Concilia*, t. XX, p. 476 ; Hefele, 636, 726 ; Hahn, t. I, Appendice, p. 489, *Decretales Gregorii IX*, lib. V, tit. 7, c. 9.

Cette sentence, qui confirmait l'excommunication dont quelques années auparavant Guichard aux Blanches Mains avait frappé la première communauté vaudoise, excluait de l'Eglise Valdo et ses adhérents. Ils devaient porter et recevaient déjà les noms les plus divers. Ceux de Joséphites, de Spéronites, d'Arnaldistes, Comistes, Barrini, Sérabaïtes, Tortolans ou encore d'Ortliebériens, de Winkeler et autres (1) tinrent à des circonstances locales ou à des chefs spéciaux, ou même désignèrent des sectes n'ayant avec les Vaudois que des rapports assez lointains. Plus communément et plus justement, on les appelait Pauvres de Lyon ou Léonistes par suite de leur origine ; de Vaudois à cause de leur fondateur ; de Sabatati ou Insabatati parce qu'ils portaient des sandales ou sabots de forme spéciale (2), et enfin d'Humiliés, à cause de leur ressemblance et de leurs rapports avec les communautés qui portaient déjà ce nom en Lombardie.

ARTICLE IV. — LES HUMILIÉS DE LA LOMBARDIE.

Qu'étaient donc ces Humiliés, dont le nom est déjà revenu plusieurs fois sous notre plume? et

(1) On pourrait encore ajouter les noms de Roncaires ou Roncariens, de Siscidences ou Syfridences, les surnoms de Chaignards dans le Dauphiné, de Siccars dans la Provence, sans que cela nous apprenne grand'chose. Un certain nombre de ces noms ont été donnés du reste aux Vaudois, par suite de confusions avec des sectes différentes. Cf. Hahn, t. II, p. 261 ; Comba, p. 106 sq. et passim.

(2) Funk dans le *Kirchen lexicon*, art. *Waldenser* ; Comba, p. 214 : Bernard Gui, *Practica*, p. 215. Ces sandales semblent avoir beaucoup intrigué les contemporains. Il se pourrait bien que les compagnons de saint François en se déchaussant aient eu l'intention d'imiter les Vaudois en luttant avec eux d'ascétisme. Les courroies des sandales vaudoises étaient tenues par une sorte de boucle, qui leur servait d'insigne particulier et à laquelle ils semblaient tenir beaucoup, puisque le pape Innocent III imposa d'y renoncer aux Vaudois désireux de rentrer dans le giron de l'Eglise. Innocent III, epist. l. 12, ep. 69. Migne, *Pat. Lat.*, t. CCXVI, p. 276 ; Müller, p. 13, 91.

qu'avaient-ils de commun avec les Pauvres enfants de Valdo ? Un certain nombre de seigneurs lombards, emmenés prisonniers en Allemagne par Henri II (1017), disent les uns, par Henri V, (1117) suivant d'autres (1), à la suite d'une rébellion des cités lombardes contre le joug toujours odieux des empereurs teutons, se résolurent, éprouvés par le malheur, à se donner à Dieu, dans la pratique de la pénitence et des vertus chrétiennes. Sous la direction d'un des leurs, le bienheureux Gui, ils se revêtirent d'habits communs, et, captifs encore, se mirent à gagner leur vie par le travail des mains, en particulier par le tissage de la laine (2).

L'empereur, informé bientôt et touché de leur conversion, leur rendit, avec la liberté, l'autorisation de rentrer dans leur patrie. Mais les captifs libérés résolurent de continuer leur genre de vie modeste. Ils retournèrent donc dans leurs foyers et continuèrent de se réunir, pour prier et travailler. Religieux ainsi sans former un ordre, ils reçurent la visite de saint Bernard (1134). Sur ses conseils, un certain nombre d'Humiliés se séparèrent de leurs femmes, et, par les trois vœux de religion, s'engagèrent dans un nouvel ordre monastique, tandis que les autres restaient fidèles à leur premier genre de vie, formant une sorte de confrérie de pénitents ou de tertiaires, vivant dans le monde, astreints cependant à une règle, et donnant le produit de leur travail aux moines leurs frères (3).

(1) Helyot, *Dictionnaire des Ordres religieux*, édition Migne, art. Humiliés, col. 478 sq ; Comba, p. 95.

(2) Est-il besoin de faire remarquer que pour ces rudes batailleurs du moyen âge, ces chevaliers intrépides, c'était une rude pénitence que de s'astreindre à un tel travail de manants. La foi décidait les puissants à s'humilier en s'abaissant vers les petits, on n'avait pas encore l'idée moderne d'élever les petits jusqu'aux grands.

(3) Helyot *Dictionnaire des Ordres religieux*, art. Humiliés, col. 480, Comba, p. 96.

C'est à Milan qu'avait pris naissance le second ordre, ou ordre monastique, des Humiliés. Plus tard, un prêtre, Jean de Méda, vint lui demander asile et, sous son influence, il se créa un troisième ordre d'Humiliés, composé de prêtres sous la règle de saint Benoît, ayant pour frères lais les moines du second ordre, tandis que les tisserands, travaillant de leurs mains, formaient les Tertiaires. Sous cette triple forme, l'ordre des Humiliés reçut l'approbation du pape Innocent III et subsista, jusqu'à sa suppression par saint Pie V (1570) (1).

Or dans les lettres d'approbation (2) octroyées par Innocent III, nous lisons des choses bien étranges. Nous y apprenons que les Humiliés refusaient de prêter serment, ce que le pape approuve, sauf le cas de nécessité. Le souverain pontife leur recommande de donner aux pauvres leur superflu, signe d'une certaine tendance à accumuler. Il leur permet de se réunir pour entendre les exhortations d'un de leurs frères (3), sans que ces instructions touchent aux articles de foi, ni aux sacrements de l'Eglise, ce qui suppose un certain danger de tomber dans l'hérésie. Enfin s'ils sont mariés, preuve évidente qu'il s'agit de tertiaires vivant dans le monde, Innocent III leur dit de ne pas renvoyer leurs femmes, sauf en cas d'adultère.

Mais les Vaudois, nous le verrons plus loin, repoussaient le serment ; s'ils étaient mariés, se séparaient de leurs femmes afin d'entrer dans la

(1) Helyot, *l. c.*

(2) Probablement de juin 1201 ; Potthast, 1415, 1416, 1417. Fehr dans le *Kirchen lexicon*, art. *Humiliaten ;* Zöckler dans la *Real encyklopedie fur protestantische theologie*, 3e édition art. *Humiliaten;* Comba, p. 97; Cf. une bulle de Grégoire IX autorisant les Humiliés à prêter et à faire prêter serment en cas de nécessité (8 juillet 1232); Potthast, 8963.

(3) Avec l'autorisation de l'évêque diocésain. Comba, p. 98.

société ; revendiquaient le droit de prêcher avec ou sans le consentement des évêques. Il semble donc y avoir de nombreux points de rapprochements entre les Vaudois et les Humiliés. Quand s'étaient-ils produits, nous l'ignorons (1). Quels furent les premiers à se séparer de l'Eglise, nous ne le savons pas davantage. Ce qui est certain, c'est qu'en 1184 (2) le pape Lucien III semble admettre que les Humiliés ne font qu'un avec les Vaudois, car avec d'autres hérétiques, il excommunie les Humiliés ou Pauvres de Lyon.

Comme Innocent III approuva plus tard l'ordre des Humiliés lombards, nous sommes certains que tous ne s'étaient pas unis aux Vaudois, bien que certainement il y en eût un certain nombre. Ils apportèrent dans la confrérie lyonnaise leurs habitudes spéciales et, par leur refus d'y renoncer, occasionnèrent la division des Vaudois en deux branches : les Vaudois français, plus fidèles aux idées primitives de Valdo ; les Vaudois lombards beaucoup plus hostiles à l'Eglise romaine, qui exercèrent, ce semble, une propagande plus intense, et donnèrent naissance aux divers rameaux vaudois de l'Allemagne, de la Hongrie et du Nord. En même temps, par le fait de leur hostilité contre le catholicisme, ils groupèrent autour d'eux les mécontents qui, soit à la suite d'Arnauld de Brescia, soit pour d'autres prétextes, désiraient secouer le joug de Rome. Et ainsi les Vaudois, fondés comme confrérie catholique, vouée à la pauvreté pour la prédication des vertus évangéliques, devinrent une société d'hérétiques redou-

(1) Ai-je besoin d'insister sur la grande difficulté de reconstituer une histoire suivie des origines vaudoises en l'absence de documents écrits par des Vaudois. Nous sommes obligés d'en indiquer seulement les points principaux, en regrettant de ne pouvoir faire mieux.

(2) La bulle de Lucien III dont nous avons déjà parlé, a été insérée dans le recueil des Décrétales, lib. V tit. 7, c. 9.

ables, contre lesquels l'Eglise crut devoir employer les moyens de répression les plus violents. Il faut bien que leur influence ait été considérable, et que l'effroi inspiré par leur nom ait été très grand, car au xve siècle à peu près toutes les sectes sont réputées vaudoises, et l'on donne le nom de Vaudois même aux sorciers, tant ce nom semble réunir tout ce qui semble hostile à l'Eglise.

CHAPITRE II

Propagation des Vaudois.

ARTICLE I. — RAPIDE MULTIPLICATION DES VAUDOIS.

S'il est une chose étonnante, c'est de voir, à l'époque du moyen âge, la multiplication des sectes hétérodoxes et leur singulière facilité de diffusion. Ce phénomène déconcertant pour l'esprit, qui s'est laissé persuader qu'à cette époque la foi était toute-puissante, l'autorité de l'Eglise incontestée, les esprits plongés dans l'abrutissement, la superstition et l'ignorance, témoigne, au contraire, d'abord d'un mécontentement sourdement répandu un peu partout contre les abus de l'autorité ecclésiastique, puis, d'une immense activité dans les idées, d'un grand esprit de critique et, en même temps, des relations nombreuses entre les divers pays de la chrétienté.

Voyages d'affaires, de dévotion sous formes de pèlerinages ou de croisades, surtout les premiers, semblent avoir été beaucoup plus fréquents, plus longs, plus étendus que nous ne pouvions le soupçonner tout d'abord. Ils fournirent sans doute les moyens dont les apôtres des doctrines dissidentes se servirent, pour propager leurs croyances. Le commerçant, le colporteur transportant sa marchandise de ville en ville, pouvait être lui-même un prédicateur déguisé. Le compagnon, son auxiliaire apparent, était, peut-être, un missionnaire intrépide, et s'ils n'étaient ministres ni l'un ni l'autre, ils se chargeaient du moins de transmettre les livres, les messages envoyés d'ici ou de là aux communautés les plus éloignées (1).

En tous cas, sous les diverses dénominations indiquées plus haut, les Vaudois se répandirent promptement. Chassés du Lyonnais, ils allèrent naturellement prêcher dans les provinces voisines, telles que le Dauphiné, la Franche-Comté et la Bourgogne. C'était le temps où Valdo en personne se rendait en Italie, se mettait peut-être en communication avec les Humiliés et tentait d'obtenir l'approbation du pape Alexandre III. Pendant son absence, ses compagnons restés en France, prédicateurs ardents de la pauvreté évangélique, ne durent pas manquer d'annoncer à tous ceux qu'ils purent approcher, la bonne nouvelle de l'Evangile renouvelé (1179) (2).

ARTICLE II. — LES VAUDOIS DANS LE LANGUEDOC.

Le Languedoc, terre promise de tous les hérétiques au moyen âge, ne pouvait moins faire que de leur fournir d'abondantes recrues. A vrai dire, on les confondit assez souvent avec les Albigeois, et les contemporains imputèrent aux deux partis des doctrines fort semblables (3). Toutefois, les gens bien informés surent les distinguer : ils les désignèrent par les noms de Vaudois ou de Lyonnais (4).

(1) Cf. Comba, p. 112, sq.

(2) Tanon, p. 99.

(3) Vaissette et Devic, *Histoire générale du Languedoc*, édition de Toulouse, 1872, 15 vol., t. VI, p. 219.

(4) Guillaume de Puy-Laurens, *Historia Albigensium*, dans Bouquet, t. XIX, p. 193 sq. ; préface et c. VI.

Les Vaudois au reste ne laissèrent pas ignorer qu'ils répudiaient les doctrines dualistes ; ils ne craignirent pas d'entrer en lutte avec les docteurs cathares dans des disputes qui éveillèrent l'attention publique (1). Les discussions, auxquelles ils semblent avoir eu beaucoup de goût, comme tous les interprétateurs de textes scripturaires ou autres, ne se limitèrent pas aux Cathares. Il est resté le souvenir d'un colloque public entre les Vaudois et Bernard, abbé de Fontcaude, en 1190, à Narbonne. Un prêtre, Raymond de Daventer, y présidait et donna tort aux Lyonnais (2). Preuve, en tous cas, de la présence d'un certain nombre de ces hérétiques dans le Languedoc, à cette époque.

A partir de ce moment, les preuves abondent de leur multiplication dans le Midi. Dès 1192, Alphonse II, roi d'Aragon, prend des mesures rigoureuses, afin de les chasser de son royaume (3). Dans la vicomté de Béziers, Bertrand de Saissac, avant d'accepter la tutelle du jeune vicomte Raymond-Roger, doit s'engager à n'introduire aucun Vaudois dans le diocèse et à chasser ceux qui s'y trouvent (1195). Promesse qu'il fait certainement, sans qu'elle l'empêche de soutenir à son aise les hérétiques de tous noms, tant Albigeois que Vaudois (4), destinés à être englobés plus tard dans les mêmes massacres, à devenir victimes des mêmes autodafés.

(1) Guillaume de Puy-Laurens, *l. c.*, c. VI ; Vaissette, t. VI, p. 219 ; Pilichdorf, *Biblioth. Maxim.* t. XXV, p. 315 ; Schmidt, *Histoire et doctrine de la secte des Cathares ou Albigeois*, 2 vol. Paris, 1849, t. II, p. 269.

(2) Ebrard ou Everard de Béthune. *Liber contra Waldenses*, dans la *Biblioth. Maxi.*, t. XXIV, p. 1522, 1526 ; Vaissette, t. VI, p. 218 ; Tanon, p. 99.

(3) Hahn, Append., t. II, p. 703.

(4) Pierre de Vaux-Cernai, *Historia Albigensium et sacri belli in eos suscepti*, dans *Recueil des Historiens de la Gaule*, t. XIX, c. II.

Les premières mesures prises contre eux en Aragon n'ayant pas arrêté leurs progrès, Pierre II les met à son tour hors la loi un peu plus tard (1197) (1). L'année suivante (1198), dans la bulle qui recommande son légat Raynier aux évêques de la Provence et du Languedoc, Innocent III nomme explicitement les Vaudois (2). Comme cette bulle est dirigée aux archevêques d'Aix, Vienne, Arles, Embrum et Lyon, en même temps qu'à ceux d'Auch, Narbonne et Tarragone, nous pouvons y voir une preuve que les Vaudois étaient déjà signalés au pape, comme installés dans toutes ces provinces.

ARTICLE III. — LES VAUDOIS DANS LE NORD.

Le Midi ne suffit pas aux nouveaux hérétiques. On les signale également dans le Nord, où tous les esprits las, pour une cause ou une autre, du joug ecclésiastique, s'unissent volontiers à eux (3). Il y en a en Lorraine. A Toul, en effet, l'évêque Eudes de Vaudemont ordonne à tous les fidèles d'arrêter les hérétiques nommés *Waldoys*, s'ils en rencontrent et de les traîner à son tribunal pour les faire punir (1192) (4). De son côté l'évêque de Metz, Bertrand (1180-1212), a fort à faire avec eux. Un jour, du haut de la chaire, il aperçut

(1) Llorente. *Histoire critique de l'Inquisition d'Espagne*, 4 vol., Paris, 1818, t. I, p. 31 ; *Marca Hispanica*, col. 1384 , Pelayo, *Historia de los heterodoxos espanoles*, Madrid, 3 vol, 1888 ; t. I, Append., 712.

(2) Bulle du 21 avril 1198 ; *Innocent*, l. I, epist. 94 ; Potthast, n° 95 ; Vaissette, t. VI, p. 222 ; Bouquet, t. XIX, p. 350.

(3) Etienne de Bourbon, p. 296 ; Hahn, t. II, p. 260.

(4) Statuta synodalia Odonis episc. Tullensis, an. 1192, dans Martène et Durand, *Amplissima collectio*, t. IV, p. 1182 ; D'Argentré, t. I, p. 83 ; Comba, p. 81.

dans son auditoire deux Vaudois, qu'il avait vu condamner à Montpellier. Il donna l'ordre de les arrêter, mais ne fut pas obéi, car ces hommes étaient protégés, dit-on, par de grands personnages de la cité (1).

Les Pauvres de Lyon pullulaient même à Metz au point d'effrayer l'évêque, qui jugea devoir en référer au pape Innocent III. Sans blâmer en principe les traductions de la Bible en langue vulgaire répandues par les Vaudois, le pape recommande dans sa réponse de n'en permettre la lecture qu'avec prudence. Il blâme les réunions secrètes, les disputes avec les prêtres, désordres dont l'évêque s'était plaint. Il recommande au prélat de s'enquérir plus exactement des croyances des dissidents, de l'auteur des traductions, surtout de savoir s'ils vénèrent le siège apostolique et l'Eglise romaine (1199) (2).

La réponse de l'évêque fut peu satisfaisante. Les dissidents avaient répondu qu'ils devaient obéissance à Dieu seul (3). Ils avaient aussi refusé de cesser leurs prédications et même, paraît-il, maltraité l'évêque (4). Pour s'opposer à ces désordres, le pape ordonna à quelques abbés cisterciens de se transporter à Metz et de prendre, de concert avec l'évêque, les mesures nécessaires (5). Cette fois, les délégués pontificaux agirent avec assez

(1) Césaire d'Heisterbach, *Dialogus miraculorum*, Cologne 1851, distinct. 5a c. 20 ; Tanon, p 99 ; Comba, p. 85.

(2) Innocent III, l. II, epist. 141, 142 ; *Decretal. Greg. IX*, l. V, tit. 7. c. 3 ; Potthast, 780, 781 ; Comba, p. 85 sq.

(3) Lettre d'Innocent III du 9 décembre 1199 ; Innocent III, l. II, epist. 235 ; Potthast, 893 ; Maurique, *Cisterciensium seu verius ecclesiaticarum annalium, libri* IV. Lyon, 1612 ; t. III, p. 337 ; Bzovius, *Annales ecclesiastici*, 6 vol. Cologne 1611, l. XIII, n° 45 ; *Gallia christiana*, t. XIII, col. 754.

(4) *Gallia christiana*, *l. c.* ; Comba, p. 87.

(5) *Innocentii*, l. II, epist. 235, *l. c.*

de rudesse pour contraindre les Vaudois à leur apporter les livres suspects, qui furent livrés aux flammes, et à faire quitter la ville aux prédicateurs les plus compromis (1).

Peut-être le nom de Picards donné parfois aux disciples de Valdo rappelait-il un voyage de leur maître en Picardie et le succès de sa prédication (2). De là, les Vaudois se répandirent probablement en Flandre, où le nom de Wallons dériverait du leur (3). Ils n'y laissèrent, en tout cas, qu'un souvenir confus, car, deux cents ans plus tard, être Vaudois y était équivalent d'être sorcier, ce qui suppose une confusion assez grossière entre la doctrine de Valdo et l'adoration des démons reproché aux sorciers (4), erreur qui témoigne cependant de l'immense réputation des Vaudois, auxquels s'imputaient les méfaits les plus divers.

L'Alsace, la Bourgogne n'échappèrent pas à la prédication lyonnaise (5), non plus que l'Allemagne (6). Certaines traditions veulent que Valdo allât lui-même en Bohême et y finît ses jours (7). Ce qui est certain, c'est qu'au milieu du

(1) Alberic ou Aubry des Trois-Fontaines. Bouquet, t. XVIII, 763 ; Pertz, XXIII, 878.

(2) *Histoire des Vaudois*, Genève, 1619, p. 223 ; Muston, *Israël des Alpes*, t. I, p. 259 ; Hahn, t. II, p. 260 ; Comba, p. 83, 298 ; Léger, t. I, p. 157.

(3) Léger, t. II, p. 339 ; Hahn, t. II, p. 237.

(4) Frédéricq, *Corpus Inquisitionis neerlandicae*, t. I, n. 302 sq. ; t. II, n. 158 sq.

(5) *Annales Marbacennes*, Pertz, t. XVII, p. 174 ; Tanon, p. 99, Preger, *Beitraege*, p. 221 ; Müller, p. 101 ; Bulle d'Innocent IV du 21 août 1248 ; Ripoll, *Bullarium ordinis FF. Praedicatorum*, 5 vol., Rome, 1737, t. I, 183 ; Collection Doat à la Biblioth. nation. de Paris, t. XXXI, f. 82 ; Potthast, 13.000.

(6) Cf. Müller, p. 101 ; *Gesta Trevirorum* (édition de 1836), t. I, p. 319 ; Hahn, t. II, p. 261.

(7) Hahn, t. II, p. 261 ; Perrin, p. 223 ; A. Bost, *History of the Bothemian and Moravian brethren*, Londres, 1838, p. 4 sq.

XIIIe siècle, des missionnaires vaudois, détachés des communautés françaises ou plus probablement des lombardes (1), avaient parcouru l'Allemagne et créé dans le seul diocèse de Passau, jusqu'à quarante-deux congrégations de leur secte (2). Leur esprit d'apostolat ne s'arrêta pas en si beau chemin, et les doctrines vaudoises se répandirent également en Pologne, en Gallicie, en Hongrie, en Transylvanie et dans toute l'Europe latine (3).

ARTICLE IV. — LES VAUDOIS EN ITALIE.

Nous avons déjà signalé l'infiltration des doctrines vaudoises dans les rangs des Humiliés de Milan et constaté l'influence profonde, exercée à son tour sur la communauté vaudoise, par l'absorption d'éléments déjà organisés. Sous le nom de *Pauvres Lombards*, on les voit signalés de très bonne heure dans les documents, où ils partagent les anathèmes de *Pauvres de Lyon* (4). Ils n'en modifièrent pas moins l'idéal primitif de Valdo. Que ce fut dans les rangs des Tertiaires, ou dans les autres ordres des Humiliés, que se fît la propagande vaudoise, les néophytes étaient habitués à trouver les ressources nécessaires à leur vie dans le travail des mains. Valdo, au contraire, aurait voulu que les missionnaires apostoliques ne se

(1) Cf. Müller, p. 101, 157,

(2) Funk, dans le *Kirchen lexicon*, art. *Waldenser*, col. 1191 ; Lea, *Histoire de l'Inquisition*, traduction de Reinach, t. II, p. 416 ; Pseudo-Reiner, encore appelé *Anonyme de Passau*, dans la Biblioth. Maxim., t. XXV, p. 261.

(3) Toutes ces communautés vaudoises eurent à subir des persécutions sanglantes. Mais nous n'avons à nous occuper que des Vaudois de France. Cf. Comba, p. 151, *passim*.

(4) Rainer Sacchoni dans Martène, t. V, p. 1775 : *Dividitur haeresis in duas partes. Prima pars vocatur pauperes ultramontani, secunda vero Pauperes Lombardi. Et isti descenderunt ab illis*, Hahn, t. II, p. 263.

livrassent à aucun travail manuel, mais seulement à la prédication, et ne vécussent que des offrandes des fidèles (1).

Or, les tissages de laine, même de soie, d'or ou d'argent, auxquels se livraient les Humiliés, leur procuraient du bien-être, une situation sociale et des ressources pour la propagande. Il leur était bien dur d'y renoncer. Aussi, du temps même de Valdo, élu cependant supérieur général de tout l'ordre, il y eut des tiraillements dont les traces nous restent dans une lettre de 1218, où les Vaudois lombards rendent compte à leurs frères d'Allemagne, des difficultés qu'ils ont avec ceux de France (2). Les Lombards voulurent garder leurs métiers et avoir des supérieurs à eux, nommés pour la vie. Valdo semble bien avoir concédé des supérieurs particuliers, mais refusa de céder sur le reste, aussi les communautés lombardes, en tout ou en partie, renoncèrent à son obédience (3). Ce fut un schisme dans le sein de la corporation encore à son berceau.

Malgré les négociations qui suivirent la mort de Valdès et aboutirent à une conférence à Bergame entre les délégués des deux partis, malgré les concessions réciproques, on ne put arriver

(1) Les apologistes catholiques reprochèrent souvent aux ministres vaudois de ne pas travailler. Bernard de Fontcaude, p. 1591 ; Alain de Lille, c. I. dans Migne, p. 378, 399 ; Ebrard de Béthune, p. 1572 ; Bernard Gui, *Practica*, p. 249 ; mais eux s'adressaient aux Vaudois français, disciples fidèles de Valdo. En revanche, les Vaudois allemands, issus probablement de communautés lombardes, travaillaient pour gagner leur vie, et, à leur tour, ils reprochèrent au clergé catholique de ne rien faire. Pseudo-Reiner, p. 265 ; Muller, p. 53, note.

(2) *Rescriptum haeresiarcharum Lombardie ad pauperes de Lugduno qui sunt in Alemania*, dans Preger, *Beitraege zur Geschichte der Waldesier*.

(3) Cf. Müller, p, 37 sq. ; Comba, p. 106, 112 ; Montet, p. 40.

à la fusion des deux ordres (1). De plus en plus, les « Pauvres Lombards, » cause peut-être de la séparation première des Vaudois d'avec l'Eglise romaine, vécurent et combattirent pour leur propre compte. Ils prirent dans le parti vaudois la place d'une extrême gauche très avancée, s'incorporèrent les éléments ardents des sectes hostiles à l'Eglise officielle (2), et attirèrent sur l'ordre entier des anathèmes multipliés, qui entraînèrent les Vaudois français dans l'abîme des persécutions, en même temps que leur doctrine se séparait de plus en plus de l'enseignement romain.

Comme les missionnaires lombards emportèrent dans leurs courses apostoliques, l'esprit de leur congrégation mère, les Vaudois d'Allemagne gardèrent, comme elle un esprit d'hostilité très accusé vis-à-vis de l'Eglise (3), d'autant plus que les communications entre l'Allemagne et la Lombardie, facilitées par les relations politiques, furent toujours très actives, et qu'il y eut même, en Lombardie, une sorte d'académie où les ministres allemands vinrent s'instruire des principes de la secte (4).

Pendant ce temps, dans les pays montagneux qui appartenaient aux diocèses d'Embrun, de

(1) Cf. Müller, p. 41 sq ; un des points, sur lesquels on ne put s'entendre, fut celui de la béatification de Valdès. Les Français demandaient que les Lombards reconnussent qu'il était au ciel ; ceux-ci déclaraient qu'il y était, s'il avait fait pénitence, condition qui supposait des torts du côté du fondateur, dans la rupture avec les Lombards.

(2) Dans leurs réunions on parlait de Rome comme de la Bête de l'Apocalypse, de Babylone la Prostituée. Ces expressions qu'on retrouve à toutes les époques de violences donnent une idée de la tension des rapports entre les Vaudois et le Saint-Siège. Rien d'étonnant qu'Innocent III ordonna de raser la maison où ils se réunissaient à Milan, Comba, p. 108.

(3) Cf. Müller, p. 108 ; Rainer Sacchoni, p. 1775 ; David d'Augsbourg p. 206, c. 4 et c. 5 ; Tocco, *L'Eresia nel medio evo*, Florence, 1881, p. 191.

(4) Müller, p. 101.

Maurienne et de Turin, dans les Alpes Cottiennes, d'autres colonies de Vaudois, plus unies et plus fidèles aux doctrines de Valdo, s'établissaient avec assez de solidité pour résister à des siècles de persécution. On a conservé le nom d'un disciple de Valdo, Joseph qui aurait prêché dans le diocèse de Die, d'où peut-être l'épithète de Joséphiste, donnée quelquefois aux Vaudois (1). Nous devons avouer, malgré ces maigres renseignements, que l'origine de ces groupes vaudois reste bien obscure. Qu'ils fussent disséminés nombreux dans le diocèse de Turin, dès le commencement du XIIIe siècle, nous pouvons le croire si nous admettons l'authenticité d'un diplôme de l'empereur Othon IV, enjoignant à l'évêque de Turin, Carisio, lui donnant en même temps tout pouvoir, de chasser de son diocèse les Vaudois et quiconque s'opposerait à la foi catholique (1210) (2). Nous verrons plus tard que les pouvoirs donnés par l'empereur ne restèrent pas inefficaces, sans être de taille cependant à déraciner les tenaces Vaudois des vallées où ils avaient trouvé un refuge, leur abri jusqu'à la Réforme.

(1) Comba, p. 297 sq ; 308 sq : Perrin, p. 8 ; Hahn, t. II, p. 262.

(2) Comba p. 312 ; Gioffredo, *Monumenta histor. Patriæ*, 1839, d'après les archives de l'archevêché de Turin, t. II, col. 488.

CHAPITRE III

Hiérarchie vaudoise.

ARTICLE I. — L'ORDRE DE PRÉDICATEURS RÊVÉ PAR VALDO.

Le but premier de Valdo avait été, nous l'avons dit, de rappeler dans l'Eglise l'esprit de pauvreté et d'humilité originel. Cette réforme, il l'avait conçue comme devant être exécutée par une confrérie ou ordre religieux, dont les membres, soumis au vœu de pauvreté, se livreraient à la prédication (1), ainsi que devaient le faire plus tard les fils de saint François. Elle supposait donc des religieux, missionnaires ambulants, donnant l'exemple de la pauvreté évangélique, se dévouant à diriger les fidèles restés dans le monde vers une voie plus élevée que celle où les conduisaient les évêques catholiques, devenus seigneurs féodaux, propriétaires de grandes fortunes, aussi peu semblables que possible, sous ce rapport, aux premiers apôtres de l'Evangile.

Dans cette donnée, l'idéal chrétien devait être la pratique des enseignements donnés par Jésus, dans son Discours sur la montagne. De plus, la réforme, destinée à pénétrer peu à peu dans les familles fidèles, devait venir de la hiérarchie. Au fond, l'idée de Valdo s'attaquait surtout à la morale ecclésiastique, à la conduite des prélats, des clercs et des moines. Elle laissait intacte la

(1) Comba, p. 36 ; Müller, p. 7, 11, 15, etc. ; Tocco, p. 169.

foi proprement dite. Présentée avec prudence, cette réforme aurait très bien pu s'adapter aux besoins de l'Eglise, d'autant plus que tous les papes d'alors, Innocent III surtout, sentaient le besoin de faire quelque chose. C'eût été l'ordre franciscain d'origine lyonnaise précédant celui d'Assise.

Il y avait pourtant, dans les premiers projets de Valdo, plusieurs points susceptibles d'observations sérieuses. D'abord, la question de la prédication par des laïques, puis cet office confié à des femmes. L'Evangile parle bien de femmes qui servaient le Christ et ses apôtres, il ne dit pas qu'elles prêchaient. Au reste, sous ce rapport, l'imitation complète de la vie apostolique sur laquelle nous savons trop peu de chose, présentait de graves inconvénients, et fut, sans doute, le motif qui fit accuser les Vaudois d'immoralité. Ce reproche, reconnaissons-le, leur a été fait par des adversaires et sur des on-dit (1). L'histoire donc peut bien les en disculper. Toutefois l'organisation de Valdo fournissait un prétexte à ses accusateurs (2).

Comme nous avons vu Valdo s'adresser au pape Alexandre III pour obtenir l'approbation de son institut, nous devons supposer que son inten-

(1) On sait avec quelle facilité les partis se jettent réciproquement à la tête les reproches d'immoralité. Il est cependant frappant que les écrivains qui parlent des Vaudois s'appuient toujours sur le bruit public et non sur des faits. Ainsi la *Chronique d'Ursperg*, an. 1212 : Hoc quoque proborum in eis videbatur, quod viri et mulieres simul ambulabant in via et plerumque simul manebant in domo, ut de eis *diceretur* quod quandoque simul in lectulis accubabant. De même Æmilius, *De gestis Francorum*, lib. 6. Per idem tempus ordines duo abrogati, Humilium, ita se vocitabant et Pauperum de Lugduno, qui neque fundos sui juris, neque certas sedes habere volebant, errabant, mulieres idem professas secum circumducebant, nec cubare *dicebantur* (le *nec* est-il ironique ?). Labbe, t. X, col. 1533.

(2) La prédication par les femmes semble bien avoir choqué les contemporains. Bernard de Fontcaulde, p. 113-114 ; Tocco, p. 178 ; Pseudo-Reiner in *Maxim. Bibliot.*, t. XXV, p. 265 ; Pilichdorf, id., p. 278 ; Alain de Lille, p. 258 ; Moneta, p. 404 ; Yvonet, p. 1778, 1781 ; Hahn, t. II, p. 275.

tion première n'avait été ni de nier, ni de renverser la hiérarchie ecclésiastique. Élu supérieur par ses frères, Valdo s'était probablement imaginé qu'il serait simplement le chef des missionnaires, mais que le pape et les autres prélats resteraient à la tête de leurs églises, transformées par l'exemple, non moins que par la parole des nouveaux apôtres. Quelle devait être leur attitude en cas de conflit? Peut-être Valdo ne l'avait pas prévue. En tout cas, les Vaudois ne surent pas s'y prendre, ou manquèrent du tact et de l'humilité nécessaire pour se faire agréer. La conclusion fut leur excommunication.

Une fois hors de l'Eglise et décidés à exécuter quand même ce qu'ils estimaient leur vocation, les Pauvres de Lyon devaient se trouver amenés à constituer chez eux l'autorité nécessaire, tant à la direction de leur ordre qu'au gouvernement des âmes, et, peu à peu, par une évolution que nous pouvons simplement soupçonner, car nous n'avons aucun renseignement à son sujet, le supérieur de l'ordre devint le chef ecclésiastique des religieux et des fidèles. D'après le principe posé, l'Eglise primitive fournit le modèle de la hiérarchie rêvée. Elle se composa comme aux temps primitifs d'évêques, de prêtres et de diacres.

ARTICLE II. — LA HIÉRARCHIE VAUDOISE.

Les renseignements que nous possédons sur les Vaudois, sont excessivement difficiles à concilier. Souvent confondus avec les Cathares, on leur a prêté bien des institutions qui n'étaient pas les leurs. De plus, ils ont bien pu de leur côté emprunter diverses formes aux sectaires avec qui ils se trouvaient en contact. Enfin, une fois séparés de l'Eglise, leur organisation a dû forcément se modifier, et, soit par l'effet des persécutions, soit par l'influence de groupes plus ou moins dissidents, se présenter, suivant les lieux et suivant les époques, sous une forme bien différente, aux yeux des écrivains qui nous ont transmis des détails sur leur compte (1).

En bloc cependant, les religieux, évêques, prêtres ou diacres des deux sexes étaient les Vaudois proprement dits (2). Les fidèles qui les écoutaient ne semblent pas avoir eu d'abord de nom spécial. Plus tard, et c'est l'Allemagne qui, semble-t-il, en fournit le premier exemple, on donna ce nom de Vaudois non seulement aux ministres, mais encore à leurs fidèles laïques. On put parler alors, non seulement d'un ordre religieux vaudois, mais d'une église vaudoise. A la même époque sans doute, on inventa, pour désigner les religieux ou ministres, le nom de *parfaits*, nom qui servait aussi aux ministres cathares. Les fidèles devinrent alors les *auditeurs* ou *croyants* (3).

Seuls les parfaits se voyaient tenus à la pauvreté et à la chasteté des religieux ; en revanche

(1) Qu'il s'agisse des doctrines ou de l'organisation des sectes médiévales, les renseignements contradictoires abondent et ne sont pas conciliables. Rien d'étonnant à cela. Ces sectes n'ayant pas de chef unique reconnu devaient varier à l'infini. Les apologistes catholiques de leur côté ne pouvaient juger que de ce qu'ils voyaient. Ils appliquaient donc aux Vaudois, en général, ce qui était le fait d'une communauté locale, et encore, peut-on supposer que souvent ils se trouvèrent induits en erreur. Aussi les auteurs qui ont voulu se débrouiller dans cet amas de renseignements contradictoires s'y sont perdus. Notre but étant de dessiner simplement un tableau général, et d'insister sur les poursuites dont la secte fut l'objet, nous nous contenterons des données qui nous semblent les plus certaines, et concernent les Vaudois français.

(2) Cf. Müller, p. 47, 48.

(3) Pseudo-Reiner, p. 266 ; Etienne de Bourbon, p. 280, 291; Hahn, t. II, p. 297 ; Bernard Gui, *Practica*, p. 223. Quelquefois les fidèles s'appellent les « amis »; Müller, p. 28.

ces obligations fondamentales des ordres monastiques restaient pour eux strictes. Aussi la personne mariée qui désirait entrer dans la communauté le pouvait sans doute, mais son mariage était considéré comme rompu, et elle devait se séparer de son époux. Chez les Lombards, on exigeait pour cette séparation le consentement de la partie restée dans le monde ; les Vaudois français estimèrent qu'un vote de la communauté, représentant l'Eglise, suffirait pour légitimer cette séparation (1).

Il semble bien qu'à la mort de Valdo, il y eut dans les Vaudois français une velléité de ne confier aux ministres leurs diverses fonctions que pour un an (2). Nous ne pouvons pas savoir comment se seraient arrangées les choses, en supposant l'évêque élu simplement pour un temps aussi court, d'après la théorie catholique, encore admise chez eux à cette époque, du pouvoir d'ordination conféré à cet évêque (3). Les Pauvres Lombards réclamèrent au contraire avec plus de logique l'élection à vie, et somme toute, c'est l'opinion qui paraît aussi l'avoir emporté en France, après quelques tâtonnements sans doute (4).

(1) Ces pratiques vaudoises dérivaient évidemment des usages catholiques modifiés. On sait que, dans l'Eglise, le mariage non consommé est dissous par la profession solennelle religieuse d'un des deux époux, et que, le mariage étant consommé, les deux époux peuvent se séparer pour recevoir les ordres sacrés, ou faire la profession religieuse dite solennelle. Cf. Anonyme dans Martène et Durand, *Amplissima collectio*, t. V p. 1751, sq. ; Yvonet, p. 1781 ; Etienne de Bourbon, p. 299 ; Müller, p. 51.

(2) C'était un régime très républicain avec deux recteurs, nommés pour un an, que se proposaient d'établir les Français. Cf. le *Rescriptum* dans Preger, *Beitraege*, c. 15 ; Müller, p. 33. Ces deux recteurs étaient-ils évêques, ou simplement des supérieurs sans fonctions ecclésiastiques, c'est une question non résolue. Cf. Müller, p. 45.

(3) Les persécutions avaient sans doute commencé à cette époque, mais les théories avaient-elles déjà évolué au sacerdoce universel, c'est ce dont on peut douter. Cf. Müller, p. 36.

(4) Cf. Müller, p. 87.

Donc, en théorie, chaque communauté devait posséder un évêque, pour ordonner les ministres, distribuer l'Eucharistie, accorder l'absolution des péchés et la rémission de leurs peines (1). Aux prêtres la charge des prédications et des confessions ; aux diacres le rôle humble d'aider les ministres de rang supérieur (2). A la tête de toute la secte un majoralis chargé de maintenir l'unité, de concentrer et d'administrer les ressources communes (3). Le pouvoir de ce personnage, de ce pape des Vaudois, successeur de Valdo, se trouva dès le début fort limité par les divisions intestines. Il se peut bien qu'il n'ait existé qu'en Languedoc. De plus, bien des communautés n'eurent pas d'évêque, un prêtre en tint lieu, et quand la persécution vint, il fut admis qu'un laïque juste pouvait faire le rôle du prêtre ou de l'évêque empêché (4).

Les membres laïques de l'église vaudoise, n'appartenant pas à la confrérie religieuse chargée de l'apostolat, restaient dans le monde et vaquaient à leurs affaires, soutenant de leurs aumônes les missionnaires, ainsi que les œuvres pieuses de leur secte. Ils étaient autorisés, par mesure de prudence, à suivre extérieurement le culte catholique, et à recevoir même les sacrements, comme tous les fidèles (5), bien qu'autant que possible ils dussent se confesser aux ministres vaudois.

(1) Montet, p. 37 ; Comba, p. 228 ; Müller, p. 86.

(2) Bernard Gui, *Practica*, p. 138.

(3) On trouve aussi le titre de major. Il n'est pas très facile de savoir la situation de tous ces titulaires dans la société ; le major était peut-être le supérieur ou l'évêque local, le majoralis le supérieur général. C'est ce qui semble résulter des paroles de Bernard Gui dans sa *Practica inquisitionis*, p. 248. Cf. Comba, p. 222, 229 ; Limborch, *Liber sententiarum*, p. 289, 291 ; Müller, p. 87.

(4) Bernard Gui, *Practica*, p. 137 ; Comba, p. 224 ; Alain de Lille, p. 193.

(5) Pseudo-Reiner, p. 286 ; Hahn, t. II, p. 293 ; Bernard Gui, p. 223.

A mesure que les persécutions s'accentuaient, ces derniers, appelés « parfaits, nous l'avons dit, comme chez les Cathares, ou « Barbes » dans le Piémont, se trouvèrent tout naturellement signalés par leur vie spéciale à la vigilance de l'autorité, et sur eux tombèrent spécialement les coups des inquisiteurs. Aussi ils ne tardèrent pas à abandonner les marques spéciales prescrites d'abord par Valdo, leurs sandales, leurs boucles ; ils s'ingénièrent au contraire à trouver des déguisements, qui leur permirent de circuler sans être arrêtés, afin d'aller visiter les communautés de croyants ou en fonder d'autres (1).

D'abord uniquement adonnés à la prédication, ils voyageaient deux à deux, ainsi que les ministres cathares, sans avoir de demeure permanente (2). Plus tard cependant, on trouve des mentions d'hospices, où vivaient ensemble quatre ou six Vaudois, hommes ou femmes, sous la direction d'un recteur, formant ainsi de petits couvents mixtes qui ne paraissent avoir été qu'en petit nombre (3). A partir du xve siècle, il n'y a plus de femmes parmi les ministres actifs, mais elles vivent dans les hospices qui leur servent de couvents. A ce moment, les Vaudois avaient été chassés du Languedoc, et les courses dans les montagnes eussent été sans doute trop pénible pour des femmes. Nous avons au reste peu de renseignements sur la

(1) Etienne de Bourbon, p. 293.

(2) Inquisiteur de Passau, dans la *Biblioth. Maxim.*, t. XXV, col. 273 ; Comba, p. 162 ; Lettre de Morel à Œcolampade ; Comba, p. 609.

(3) Funk, dans le *Kirchen Lexicon*, art. *Waldenser*, col. 1189 ; *De pauperibus de Lugduno*, manuscrit du Vatican dans Döllinger, *Beitraege*, t. II, p. 92 sq. ; Comba, p. 139, 229. A ces hospices se trouvaient rattachées les écoles ou séminaires des Barbes. Cf. Comba. p. 609 ; Limborch, *Liber sent.*, p. 252.

manière dont se recrutaient alors les « Barbes »(1).

(1) Fort intéressante en effet au point de vue mystique, la littérature vaudoise est très pauvre en tant qu'histoire. Il semble pourtant que les Vaudois du XVIe siècle conservaient encore bien des pratiques de leurs pères. Ainsi la confession de foi, transmise en 1530 par les deux Barbes Georges Morel de Fraissinières et Pierre Masson de Bourgogne aux réformateurs d'Allemagne, rappelle à Œcolampade qu'il y a dans la secte vaudoise des vierges vouées au célibat, que les Barbes ne se marient point, qu'ils ont la confession auriculaire. Mais en même temps ils demandent si l'on doit établir une hiérarchie dans le clergé, avec des évêques, des prêtres et des diacres, Montet, p. 179, 180, ce qui prouve qu'à cette époque, les Barbes avaient perdu souvenir de la première organisation. Eux-mêmes ne se considéraient que comme prédicateurs, ils n'administraient pas de sacrements, et en laissaient le soin aux prêtres romains (les membres de l'Antéchrist). Montet, p. 180 ; Comba, p. 605 sq., 609.

CHAPITRE IV

Le Culte Vaudois.

ARTICLE I. — LES SACREMENTS.

De ce que nous avons dit des premières intentions de Valdo, il est facile de conclure qu'il n'avait pas eu d'abord l'idée d'innover quoi que ce soit, dans les usages et les rites de l'Eglise reçue. D'une manière générale, ses disciples reconnurent donc aux prêtres catholiques le droit et le pouvoir d'administrer les sacrements, et jusqu'à la fin, c'est-à-dire jusqu'à leur conversion au protestantisme, ils engagèrent les croyants à s'adresser pour la réception des divers sacrements aux ministres de l'Eglise (1). On constate cependant, dans l'histoire des Vaudois, bien des contradictions sur ce point comme sur les autres. Ainsi on a pu dire que certains d'entre eux rejetaient tous les sacrements (2). D'autres niaient l'efficacité du baptême des enfants (3) Quelques-uns s'en prenaient aux cérémonies accessoires du baptême (4). En général cependant, il semble bien que les enfants vaudois aient été jusqu'au XVIe siè-

(1) V. la note précédente ; Müller, p. 93.

(2) Pseudo-Reiner, in *Max. Bibl.*, t. XXV, p. 265 ; Hahn, t. II, p. 280.

(3) Pseudo-Reiner, *l. c.* ; Yvonet, p. 1779 ; Hahn, *l. c.*

(4) Pseudo-Reiner, *l. c.* ; Hahn, *l. c.*

cle baptisés, suivant le rit, et dans les temples des catholiques.

En ce qui concerne la confirmation et l'extrême-onction, nous ne connaissons aucune trace de leur usage chez les Vaudois, peut-être leur eût-il été difficile d'avoir les huiles bénites nécessaires. On leur reprocha au XIIIe siècle de rejeter l'efficacité de ces sacrements (1). Il est bien probable cependant que, pour éviter des ennuis, la masse des Vaudois continua de les recevoir, tout comme les catholiques. Il en fut sans doute de même du mariage, quelle que fût leur opinion sur le peu de valeur des empêchements établis par l'Eglise. Certains Vaudois ne les admettaient pas, puisqu'on en trouve qui soutenaient la licéité du mariage entre parents, même fort rapprochés (2).

Ce qui est plus caractéristique, c'est la pratique vaudoise au sujet de la pénitence. Comme chez les catholiques, la pénitence était un sacrement qui supposait la confession, l'absolution et l'accomplissement d'une pénitence (3), sans parler du repentir ou contrition, condition intime du pardon divin. Toutefois, dès que les Vaudois se séparèrent de l'Eglise, ils réclamèrent sur ce point le droit de remplacer les prêtres romains. Ce fut là le signe caractéristique du croyant vaudois. Se confesser à un parfait le rendit sus-

(1) Pseudo-Reiner, *Maxim. Biblioth.*, t. XXV, p. 265 ; Yvonet, p. 1779 ; Hahn, t. II. p. 280. Un auteur affirme qu'ils donnaient la confirmation par l'imposition des mains, Yvonet, *l. c.* ; Hahn, *l. c.*

(2) Moneta, p. 413, *Valdenses credunt licitum esse conjugium inter consanguineum et consanguineam*, Hahn, t. II, p. 283.

(3) Müller, p. 74. Sauf qu'il affirme que le pardon vient de Dieu seul et non des hommes, papes, cardinaux ou abbés, l'auteur vaudois du poème de la *Barca*, du XVe siècle probablement, commente la pénitence avec les mêmes termes que pourrait le faire un catholique. Cf. *La noble leçon*, l. V, v. 419-422, 408-413 ; Monet, p. 442. *La Barca*, dans Hahn, Append., t. II, p. 569.

pect d'hérésie, et justiciable de l'Inquisition (1). A Pâques, on laissait cependant les croyants se présenter à leurs pasteurs catholiques pour éviter des poursuites; mais la véritable confession se faisait aux Vaudois, même laïques, car les prêtres romains, étant supposés presque tous coupables, ne pouvaient accorder aux autres le pardon qu'ils ne possédaient pas eux-mêmes (2). Les pénitences imposées consistaient surtout en des jeûnes le vendredi, et en la récitation de « Notre Père », plus ou moins nombreux (3). L'absolution était donnée sous la forme déprécative (4).

L'ordination se conférait avec des cérémonies assez semblables aux rites catholiques, sauf qu'il n'y avait ni onction d'huile, ni tradition d'objets matériels, calice et autres. Une instruction du

(1) Consultation des jurisconsultes d'Avignon en 1235, cité par Pena dans son commentaire sur Eymeric, édition de Rome, 1585, p. 392; par Flacius Illyricus dans son *Catalogus testium veritatis*, édition de Lyon, 1597), p. 536; Müller, p. 72, 71.

(2) Déjà Innocent III dit que les laïques justes chez les Vaudois peuvent absoudre leurs pénitents. C'est la conséquence du principe déjà admis chez les Vaudois que la moralité du ministre influe sur les sacrements qu'il confère, sur les prières qu'il prononce, sur le sacrifice qu'il célèbre. Ce principe, qui ébranlait par la base la validité des sacrements, fut constamment rejeté par l'Eglise romaine. Car quel homme aurait jamais pu être assuré d'avoir la perfection requise? Cf. *Innocent III*, l. XIII, epist. 94; Raynald, 1210, 21; Potthast, n. 4014 et 4569; Müller, p. 55, 74.

(3) Bernard Gui, *Practica*, p. 252; Limborch, *Liber sentent.*, p. 263, 353; Müller, p. 75.

(4) Par exemple, la formule usitée par certains Barbes vers 1404: « Que Notre-Seigneur, qui pardonna à Zachée, à Marie-Madeleine et à Paul, qui délia Pierre des liens des chaînes, et Marthe et les autres pénitents, veuille te pardonner tes péchés. Que le Seigneur te bénisse et te garde, que le Seigneur te montre sa face et aie pitié de toi; que le Seigneur tourne sa face vers toi et te donne la paix. Et que la paix de Dieu, qui surpasse toute intelligence, garde ton cœur et ton esprit en Jésus-Christ. Le Père, le Fils et le Saint-Esprit te bénissent. Amen. Montet, 144, 402; Limborch, *Liber sent.*, p. 290; Bernard Gui, *Practica*, p. 137; Müller, p. 75.

président rappelait d'abord au ministre futur ses principaux devoirs, puis venaient l'imposition des mains, la récitation du Notre Père, le baiser fraternel des autres ministres. Dans le rituel, on trouvait expressément prescrite la confession du candidat au Président (1). Jusque-là, rien ne tranchait encore trop sur la doctrine de l'Eglise ; mais du principe que le prêtre doit être juste était dérivé celui que tout juste est prêtre, et dès lors, tout homme bon pouvait entendre les confessions, consacrer l'Eucharistie, remplir les fonctions sacerdotales. Les femmes mêmes, si elles étaient pures, pouvaient y prétendre (2). Du même principe, on conclut que le privilège d'ordonner n'était pas exclusivement réservé aux évêques. En leur absence un prêtre, un diacre, un laïque, purent ordonner l'élu de la communauté (3).

ARTICLE II. — LA PRÉDICATION.

Avec la confession, le ministre vaudois n'avait pas achevé sa tâche, il lui restait d'autres devoirs à remplir qu'un vieux document résume en trois mots : la prédication, le repas, la prière (4).

En ce qui concerne la prédication, depuis Valdo, qui en fit la mission spéciale de son ordre, il semble bien que les ministres vaudois s'en soient

(1) Comba, p. 222 sq. ; Montet, p. 38.

(2) Comba, p. 226 sq. ; Etienne de Bourbon, p. 295, 296 ; Limborch, *Liber sent.*, p. 263 ; Tanon, p. 95.

(3) Comba, p. 224 sq. ; Cf. Montet, p. 36.

(4) Consultation de Tarragone de 1242 et Directoire de J. Raymond de Pennafort. Douais, *L'Inquisition*, Paris, 1906. Append., p. 277 ; Müller, p. 75.

toujours acquittés avec zèle, et l'on peut bien croire que leur application à prêcher fut une cause de leurs succès. Quand la persécution vint, les « parfaits » durent se déguiser, mettre de côté les fameuses sandales, décoration pour ainsi dire de leur ordre et aller furtivement visiter les « croyants ». Ils n'en continuèrent pas moins de remplir leur devoir de prédicateurs. Et certainement rien ne pourrait décrire l'impression que produisait la parole simple, mais vibrante du proscrit, tandis que la petite communauté réunie dans une cave, dans une écurie, dans une chambre aussi secrète que possible, devait baisser ou éteindre la lumière, pour éviter les regards d'une police soupçonneuse et de l'inquisition toujours en éveil.

Nous n'avons conservé aucun « sermon » des premiers Vaudois, et néanmoins nous pouvons soupçonner les points principaux des instructions données aux croyants. On leur rappelait les devoirs spéciaux de la secte, ne pas mentir, ne pas jurer, ne jamais tuer. Ce dernier précepte s'appuyait-il sur le commandement du Décalogue si général dans sa brièveté : Tu ne tueras pas? ou venait-il, par instinct d'imitation, des Cathares? nous ne le savons pas, mais ce fut un des commandements auxquels les Vaudois tinrent le plus, refusant de reconnaître, soit aux magistrats, soit aux militaires, et pas davantage aux inquisiteurs, le droit d'enlever la vie à une créature humaine (1). Malgré la persécution et les violences,

(1) Quoi qu'on pense de la question au point de vue pratique, on ne saurait nier le côté tout à fait élevé et humain de cette prescription vaudoise, réservant le droit d'enlever la vie d'un homme au seul Créateur qui la lui a donnée. Cf. contra Guiraud, *Questions d'histoire et d'archéologie chrétienne*, p. 25, qui trouve ces théories vaudoises antisociales ; Pseudo-Reiner, in *Maxim. Bibl.*, t. XXV, p. 266 ; *Index errorum*, in *Maxim. Bibl.* t. XXV, p. 308 ; Rainer Sacchoni, dans Martène, t. V, p. 1775 ; Yvonet, p. 1780 ; Hahn, t. II, p. 289, 350 sq. ; Preger, *Beitraege*, p. 72 ; Comba, p. 249.

on ne vit jamais les barbes ni les parfaits vaudois recourir à l'homicide, sous n'importe quelle forme. Il n'en fut pas de même des croyants ; car nous citerons bien des faits de meurtres individuels commis sur les inquisiteurs, et nous verrons aussi les Vaudois prendre les armes, pour repousser avec vaillance leurs agresseurs.

Le mensonge et l'usage du serment se trouvaient rangés parmi les Vaudois au nombre des péchés graves. Sur le premier, les polémistes catholiques ne pouvaient discuter que sur le plus ou moins de gravité de la faute ; en revanche, ils soutinrent énergiquement la licéité du serment dans des cas donnés (1). Les ministres accordèrent de leur côté, à leurs disciples, quelques dérogations aux défenses absolues de la première heure (2). Pour ne pas trahir leurs frères et leurs maîtres, afin de ne pas se livrer eux-mêmes aux inquisiteurs, les croyants apprirent à faire des serments et cédèrent plus d'une fois au mensonge. Ils apprirent surtout à faire des réponses évasives, qui mettaient leurs juges au désespoir (3). Quand, poussés dans leurs derniers retranchements, ces pauvres gens devaient prêter serment, ils recouraient à de curieux prétextes pour s'en dispenser. A Pamiers, par exemple, un Vaudois, Jean de Vienne, déclare qu'ayant voulu une fois faire serment, il a été atteint d'épilepsie. Sa femme, Huguette, se défend également de jurer, car elle est enceinte, et elle

(1) Alain de Lille, p. 269 sq. ; Moneta, p. 432 sq. ; Hahn, t. II, p. 346 ; Pseudo-Reiner, p. 266 ; *Index errorum*, p. 308 ; Hahn, t. II, p. 288.

(2) Hahn, t. II, p. 289.

(3) David d'Augsbourg, c. XXVIII ; Comba, p. 249 ; Bernard Gui, *Practica*, p. 246, 254 ; Étienne de Bourbon, p. 294.

craint un avortement, si elle prête le serment demandé (1).

Pour compléter la prédication du ministre, ou y suppléer parfois sans doute, les Vaudois avaient recours à des lectures. Déjà Valdo avait fait traduire quelques ouvrages des Pères, les *Morales de saint Grégoire* en particulier (2), il est probable qu'il y en eut d'autres. Peu à peu, il se forma une collection d'écrits pieux, dont nous conservons encore quelques spécimens, qui semblent appartenir à des époques différentes, livres fort édifiants, destinés à guider les croyants vers la vertu et à remonter leur courage (3).

Mais le livre par excellence était la Bible traduite en langue vulgaire. Ces traductions remontant aux premiers temps de Valdo, ses disciples restèrent fidèles à son exemple, et, c'est à l'usage de la Bible, en langue ordinaire, que les Vaudois se firent tout d'abord connaître. Ils en eurent des commentaires qui, suivant l'usage catholique, développèrent les sens historique, allégorique, tropologique et anagogique de la sainte Ecriture (4). Les futurs ministres, pendant les

(1) Manuscrit du Vatican, n. 4030, f. 109, D. ; Molinier, *Etudes sur quelques manuscrits des bibliothèques d'Italie* dans les *Archives des missions scientifiques et littéraires*, 3ᵉ série, t. XIV, p. 237-238 ; Limborch, *Liber sentent.*, p. 289, sq.

(2) Montet, p. 2. Nous pouvons noter aussi la traduction du pasteur d'Hermas ; Cf. Bernard Gui, *Practica*, p. 252 ; Muller, p. 80.

(3) La date de cet ouvrage est fort controversée. Il y a des gloses sur le *Pater noster*, des traités sur la pénitence, sur le péché, sur les vertus, sur les péchés, sur les commandements, sur la foi, etc. Un des plus célèbres est la *Noble Leçon*, qu'on a voulu faire remonter jusqu'au XIᵉ siècle, mais qui semble au plus tôt du XIIIᵉ. Cf. Comba, p. 732 ; Montet, p. 4 sq. ; V. dans Hahn, t. II, Appendice, p. 560, de copieux extraits des livres vaudois.

(4) Montet, p. 81. D'après le livre vaudois des Vertus, l'histoire c'est le récit des faits réels, l'allégorie c'est leur application à d'autres faits réels, le sens tropologique l'applique à l'édification de l'âme, et le sens anagogique nous fait connaître les choses célestes. Abraham,

années de préparation — nous dirions aujourd'hui de séminaire, — apprenaient par cœur tout le Nouveau Testament et de longues parties de l'Ancien. Ils étaient fiers de pouvoir citer à l'occasion les paroles de Matthieu, de Luc, de Pierre, de Paul ou de Jean. Les croyants eux-mêmes étaient heureux d'en savoir de longs extraits par cœur, et, à leur usage, on avait traduit les épîtres et les évangiles des dimanches de l'année, qu'à force de patience et d'attention les moins lettrés finissaient par avoir dans la mémoire. A ce travail les enfants s'appliquaient eux-mêmes avec ardeur, et, avec l'aide de leurs maîtres ou de leurs parents, finissaient par connaître tellement la Bible, qu'ils pouvaient se vanter de la savoir mieux que les docteurs catholiques (1).

ARTICLE III. — LA LITURGIE.

Les réunions vaudoises ne comportaient pas seulement une prédication ou une lecture, elles étaient accompagnées de prières. Il nous est resté quelques formules usitées, par exemple, pour la bénédiction des repas ou l'action de grâces, car le ministre vaudois devant vivre dans la pauvreté, soutenu par ses frères, acceptait volontiers l'hospitalité offerte. Le plus ancien des parfaits présents, après le *Kyrie eleison* et le *Pater*, récitait

par exemple, est un personnage historique ; allégoriquement, il désigne le Christ ; tropologiquement, l'homme vertueux. Le peuple hébreu sortant de l'Egypte est un fait historique ; dans le sens allégorique, il représente l'Eglise ; tropologiquement, il est le juste qui cherche la vertu ; dans le sens anagogique, il est l'Eglise triomphante. Montet, p. 83, 84. — Cf. Albéric des Trois-Fontaines, dans *Monum. Germ. script.*, t. XXIII, p. 876.

(1) Etienne de Bourbon, p. 280, 308 sq. ; Bernard Gui, *Practica*, p. 252 ; David d'Augsbourg, p. 209, 212 ; Anonyme de Passau, in *Maxim. Biblioth.*, p. 261, 273 ; Müller, p. 77 sq.

sur les mets un *Benedicite,* fort recevable dans toutes les familles chrétiennes : Que le Dieu qui dans le désert a béni pour ses disciples les cinq pains d'orge et les deux poissons, bénisse les mets qui sont sur cette table et ceux qui y seront apportés. Au nom du Père et du Fils et du Saint-Esprit. Amen. La fin du repas se terminait par une formule non moins correcte (1).

Mais de toutes les prières celle qui paraît avoir été la préférée est le «Notre Père». A genoux, inclinés et appuyés sur un banc ou un autre objet, les Vaudois ouvraient leur réunion par une oraison silencieuse pendant laquelle ils pouvaient dire dix, vingt, jusqu'à cinquante et même cent « Notre Père », suivant sans doute le temps dont on disposait, la ferveur du ministre ou celle des assistants (2). Tout en admettant les vérités du symbole, ils ne récitaient pas le *Credo,* ni l'*Ave Maria,* dont l'apparition fut du reste postérieure à Valdo (3).

Du culte, par exemple, du sacrifice de la messe chez les Vaudois, nous savons que, jusqu'à la Réforme, la transsubstantiation catholique fut admise sans grandes difficultés, par la majorité des communautés françaises. La théorie de l'impeccabilité exigée du sacerdoce porta néanmoins ses fruits sur ce point comme sur les autres. D'abord on admit que la conversion des espèces se faisait par le ministère du prêtre, non du laïque (4). Mais déjà au commencement du

(1) Bernard Gui, *Practica,* p. 250 ; Müller, p. 76.

(2) Limborch, *Liber sent.,* p. 355 ; Bernard Gui, *Practica, l. c.* ; Müller, *l. c.*

(3) Esser, *Geschichte des englischen Grusses* in *Historis. Iahrbuch. der Goerresgesellschaft,* 1881, p. 88 sq. ; Probst, dans le *Kirchen lexicon,* art. *Ave Maria* ; Müller, p. 76.

(4) Müller, p. 43 ; *Rescriptum haeresiarcharum Lombardie,* dans Preger, *Beitraege,* n. 17.

XIIIe siècle, il fallait une condition spéciale, c'est que le prêtre romain fût reconnu dans sa dignité par la communauté vaudoise (1). Plus tard, on fit de l'impeccabilité une condition *sine qua non*, et dès lors, on reconnut que le laïque juste, homme ou femme, pouvait consacrer le corps du Christ, tandis que le prêtre ordonné, coupable, ne le pouvait plus (2).

Une coutume tout à fait particulière aux Vaudois français fut d'imiter la Cène. Le Jeudi Saint, au soir, tous les membres de la société des deux sexes se réunissaient et préparaient une sorte d'autel, couvert d'un linge blanc. Cet autel portait une large coupe de vin pur et un gâteau non fermenté. Le président faisait une sorte de prière préparatoire, analogue à celle qui précède la Secrète de la messe latine actuelle (3). Tous les assistants disaient alors, à genoux, sept fois « Notre Père » et quand le président avait béni le pain et le vin, il distribuait à chacun une parcelle du pain, puis faisait boire à tous une goutte du vin consacré, car, disaient-ils, le pain est devenu le corps, et le vin, le sang du Seigneur. Ce qui restait des espèces était achevé le jour de Pâques (4). Il semble que cette cérémonie se passait surtout entre Vaudois parfaits, mais si quelque ami, c'est-à-dire

(1) *Rescriptum haeresiarcharum*, n. 22 ; Müller, p. 42.

(2) L'évolution se produisit assez vite puisque dans la consultation de Tarragone de 1212, on signale déjà, parmi les erreurs des Vaudois, l'impossibilité du prêtre pécheur à opérer le mystère. Douais, *l'Inquisition*, p. 281 ; Müller, p. 82, note 2.

(3) C'est l'*Orate fratres*. La formule vaudoise était : Rogemus Dominum nostrum quod ipse parcat nobis peccata nostra et offensiones nostras propter misericordiam suam et ea quæ petimus digne propter misericordiam suam debeat adimplere. Bernard Gui, *Practica*, p. 247.

(4) Bernard Gui, *l. c.* ; *Anonyme* dans Martène, t. V, p. 1574 sq. ; Etienne de Bourbon dit à peu près la même chose des Tortolans, p. 281 sq., Müller, p. 81 sq. ; Comba, p. 212.

quelque frère y assistait, on lui remettait aussi, sur sa demande, une parcelle du pain consacré.

Que ce rit ait suivi, suivant les temps et les lieux, des variations que décrivent d'autres documents (1), ce n'est pas fait pour nous étonner, car, si les écrivains catholiques ne se sont pas trompés, il est évident que l'unité des communautés vaudoises n'a jamais été bien parfaite. Sur une autre coutume, celle du pain bénit, liée peut-être à la Cène du Jeudi Saint, en sorte que ce pain bénit distribué à domicile aux croyants les faisait, pour ainsi dire, participer à la cérémonie dont ils n'avaient pu être témoins, nous avons trop peu de détails pour faire autre chose que la signaler (2), d'autant plus que certains auteurs tendent à y voir un usage cathare (3).

(1) Ainsi, on parle d'une cérémonie où le pain azyme était mis sur une assiette à côté d'une cuiller en bois contenant de l'eau. A la fin de la cérémonie l'assiette et la cuiller étaient jetées au feu. *Index errorum*, dans Martène, *Biblioth.* t. XXV, p. 208.

(2) Dans la consultation d'Avignon, 1235 ; Eymeric avec les commentaires de Pena, Rome, 1585, p. 392 ; Flacius, p. 536 ; on parle d'un pain bénit et d'un poisson. De même dans les *Formules de l'Inquisition à Carcassonne*, n. 13 ; Cf. *Consultation de Tarragone ; Consultation de l'archevêque Amelius de Narbonne ;* Müller, p. 84.

(3) Comba, p. 241.

CHAPITRE V

Les doctrines des Vaudois.

ARTICLE I. — MANQUE D'UNITÉ DANS LES DOCTRINES VAUDOISES.

Dans les commencements de leur séparation d'avec l'Eglise romaine, les Vaudois semblent, nous l'avons déjà dit, n'avoir eu avec elle que des divergences d'ordre pratique (1). Valdo s'était proposé en effet une réforme dans l'Eglise, non contre elle. Mais la persécution éloigna ses disciples de l'enseignement primitif ; leur doctrine se développa donc indépendante, tirant les conséquences des prémisses posées par le fondateur, à savoir, que l'amour des richesses avait corrompu la chrétienté (2) ; que la révélation divine, contenue dans la Bible, renfermait cependant la doctrine du salut (3) ; d'où nécessité pour tous de la lire, de la comprendre et, pour cela, d'en avoir des traductions populaires. Ce fut à ce signe

(1) Cela ressort des démarches faites auprès d'Alexandre III pour obtenir l'approbation du Saint-Siège.

(2) Pseudo-Reiner, *Biblioth. Maxim.*, t. XXV, p. 265 ; Etienne de Bourbon, p. 297 ; Hahn, t. II, p. 271.

(3) Pseudo-Reiner, *l. c.* ; Hahn, t. II, p. 140, 147, 271.

qu'on reconnut tout d'abord les Vaudois (1).

Revenir à ce qu'ils croyaient être la pratique et l'enseignement de l'Eglise primitive, leur sembla, en second lieu, le moyen du salut (2). Sur ce point, la doctrine vaudoise, avec des intentions plus pures, avec une morale autrement rigide, eut un trait commun avec les Hussites d'abord, avec les Réformateurs du XVIe siècle ensuite. Il en est résulté, dans le cours des âges, une compénétration réciproque des groupes vaudois, hussites, protestants, et, vu la pénurie relative des ouvrages vaudois antérieurs au hussitisme, une difficulté sérieuse pour distinguer les doctrines spécifiquement vaudoises, d'avec celles apportées aux descendants de Valdo par des dissidents plus ou moins voisins (3).

Dès le début, nous avons vu se produire parmi les disciples de Valdo une double tendance, celle des Pauvres de Lyon, plus conforme aux enseignements romains, celle des Pauvres Lombards plus éloignée en général de la doctrine catholique (4).

A ces premières divergences, d'autres s'ajoutèrent dues à la vaste dissémination de la secte, aux persécutions hâtives, qui l'empêchèrent de se développer à son aise, et surtout au manque d'une autorité fortement centralisée. Une ou deux fois par an, il se tenait bien un chapitre où les recteurs des hospices se réunissaient, et aux délibé-

(1) Voyez les bulles d'Innocent III à l'évêque de Metz, 12 juillet 1199 ; *Decretal., Gregorii IX*, l. V, tit.7, c. 12 ; Potthast, 780, 781 ; Hahn t. II, p. 272 ; Comba, p. 671 ; Montet, p. 35, 85.

(2) Bernard Gui, *Practica*, p. 214 ; Pseudo-Reiner, *Biblioth. Maxim.* t. XXV p. 264 ; *Refutatio errorum, Biblioth. Maxim*, t. XXV. p. 302 ; Hahn, t. II, p. 272.

(3) Cf. Comba, p. 670 sq. ; Hahn, t. II, p. 157 ; Montet, p. 41 sq., 149 sq., 177 sq.

(4) Voir ci-dessus, Bernard Gui, *Practica*, p. 247.

rations duquel les parfaits prenaient tous part, sauf les jeunes et les femmes (1). Mais quelle pouvait être la force des décisions prises par une assemblée, dont tous les membres étaient sous la menace d'une arrestation et de la mort, si un seul avait à se plaindre ? Et comment une confrérie, traquée sans pitié par la société civile et par l'Eglise, aurait-elle pu exiger l'obéissance des siens ? Il en résulta donc un certain flottement perpétuel dans les croyances.

Au XIIIe siècle, les catholiques du Languedoc reprochaient quatre choses aux Vaudois : de porter des sandales, de ne jamais consentir à faire un serment, de se refuser à toute effusion du sang humain, même à la guerre ou à la suite d'une sentence judiciaire, d'admettre qu'en cas de nécessité, toute personne, même non ordonnée, à condition d'être sans faute, pouvait consacrer pourvu qu'elle portât des sandales (2) (c'est-à-dire appartînt à l'ordre). Le dernier reproche était de beaucoup le plus grave, car il signalait un point des doctrines vaudoises, par qui la hiérarchie sacerdotale romaine se trouvait fortement ébranlée.

ARTICLE II. — DIVERGENCES D'AVEC LES DOCTRINES ROMAINES.

Elle le fut bien plus encore, lorsque la persécution vint mettre un fossé infranchissable entre les

(1) Bernard Gui, *Pratica* p. 249 ; Cf. Lettre du barbe Morel à Oecolampade, Comba p. 611.

(2) La condition de porter des sandales pour consacrer paraît drôle au premier abord, et fait croire à une erreur du chroniqueur, mais les sandales étant l'insigne caractéristique des missionnaires vaudois, porter des sandales doit s'entendre dans le sens d'appartenir aux parfaits, Pierre de Vaux-Cernai, c. 2 ; Bouquet, XIX, 6 ; cf. Reiner *Bibl. Maxim.*, t. XXV, p. 366 ; Bernard Gui, p. 246 ; Pilichdorf p. 298 ; Hahn. t. II p. 288 sq., Limborch, *Lib. sentent.*, p. 263 ; Müller, p. 91 ; Douais, l'*Inquisition* p. 281.

Vaudois et l'Eglise, en ne laissant aux premiers que le choix entre disparaître par la soumission, ou disparaître par la mort. Si déjà, dans un colloque tenu à Narbonne en 1190, les chefs vaudois affirmaient qu'on ne devait obéissance qu'aux bons prélats, que ceux-là seuls pouvaient avoir le ministère apostolique, qui vivaient une vie apostolique, dès lors, aux seuls évêques irréprochables appartenait le droit de lier et de délier (1). La logique (2) fit pousser les choses plus loin encore. Les laïques pieux purent alors exercer le sacerdoce comme les prêtres, confesser, célébrer l'Eucharistie et *à fortiori* prêcher, même les femmes (3). Le pouvoir sacerdotal résida désormais dans la communauté qui, par l'élection, pouvait le conférer, comme elle pouvait le retirer au ministre indigne (4).

L'Eglise romaine devint ainsi la société des méchants, l'Eglise de l'Antéchrist, n'ayant aucun droit ni aucun pouvoir sur les âmes ; ses prétentions étaient donc sans fondement, ses excommunications sans valeur (5). Continuant leur évolution, les Vaudois rejetèrent le purgatoire, les

(1) Lea, t. I, p. 89 ; Bernard de Fontcaude *Biblioth. Maxim.* t. XXIV, p. 1585 ; Comba, p. 67 ; Alain de Lille, p. 262 ; Pseudo-Reiner, p. 265 ; Etienne de Bourbon, p. 296 ; Hahn, t. II, p. 276, Directoire de S. Raymond de Pennafort ; Douais, l'*Inquisition*, p. 281, Alain, p. 385 ; Müller, p. 95.

(2) En fait de logique, il est assez curieux de voir les Vaudois, fondés par Valdo comme un ordre religieux avec les vœux monastiques, rejeter plus tard les vœux comme une invention de Sodome, traiter l'ordre monastique de « charogne puante », si toutefois ces belles images n'ont pas été prêtées gratuitement aux Vaudois par les centuriateurs protestants. Hahn, t. II, p. 140, 145, 277 ; *Index errorum* in *Maxim. Biblioth.*, t. XXV, p. 308.

(3) V. plus haut, Bernard Gui, p. 246 ; Leger, t. I, p. 121 ; Etienne de Bourbon, p. 295 ; Reiner, p. 265 ; Hahn, t. II, p. 143, 275, 280 ; Limborch *Liber. sentent.*, p. 263.

(4) Comba, p. 227.

(5) Hahn, t. II, p. 80, 147 ; Limborch, *Lib. sentent.*, p. 264, 201, 207 ; Bernard Gui, *Practica*, p. 245, 246.

indulgences, les prières pour les morts, l'intercession des saints, l'invocation de la sainte Vierge, la messe (1). Les premiers disciples de Valdo avaient admis les sept sacrements et la transsubstantiation ; leurs successeurs, probablement après avoir reçu l'influence du Hussitisme et *à fortiori* de la Réforme, n'admirent plus que le baptême et l'Eucharistie (2). Dans cette dernière, plusieurs ne virent plus qu'une figure (3). Sauf la justification par la foi, c'était presque tout le programme du protestantisme.

Et cependant, tout en se montrant fort sévères, les auteurs et les inquisiteurs catholiques du moyen âge rendirent une certaine justice aux Vaudois (4). « En toutes choses, disait un écrivain du milieu du XIIIe siècle, ils se conduisent fort religieusement, ont des mœurs régulières, des conversations sages, parlant volontiers de Dieu, des saints, des vices à fuir et des vertus à prati-

(1) Les indulgences sont déjà niées au milieu du XIIIe siècle. Directoire de saint Raymond de Pennafort, Douais, *l'Inquisition*, p. 280 ; Hahn, t. II, p. 94, 97, 126, 143, 138 ; Perrin, p. 301 sq. ; Léger, t. I, p. 181 sq., Bernard Gui, *Practica*, p. 247, 252 ; Limborch, *liber sent.*, p. 264 ; Pseudo-Reiner, p. 266. Sur le purgatoire, Limborch, p. 201, 208, 240 ; Bernard Gui, p. 247, 252, Müller, p. 99.

(2) Comba, p. 241, 244 ; Pseudo-Reiner, p. 265 ; Hahn, t. II, p. 101, 120, 280, 281 ; V. la lettre du barbe Morel. Comba, p. 605.

(3) Etienne de Bourbon, p. 298 ; Hahn, t. II, p. 281.

(4) Il y a bien des contradictions. Eymeric, part. II, q. 14, impute aux Vaudois des actes obscènes, sans fondement d'ailleurs. Bernard Gui les accuse de se livrer les uns aux autres après la Cène, mais il parle en même temps de l'apparition d'un chat qui les asperge avec sa queue, ce qui montre que toutes les connaissances du célèbre inquisiteur étaient loin de lui venir d'expériences personnelles. Bernard Gui, *Practica*, p. 248 ; Cf. Limborch, *Histor. inquisit.*, p. 33. Perrin, p. 18 sq. ; Hahn, t. II, p. 148, énumèrent les reproches faits aux Vaudois modernes. Le barbe Morel avoue humblement des fautes contre la chasteté. Comba, p. 610 ; en revanche, il y a beaucoup de témoignages favorables, Hahn, t. II, p. 149 sq ; Léger, t. I, p. 183 sq. ; De Thou, *Histoire universelle*, 11 vol. Bâle, 1142, t. I, p. 539.

quer (1). » On constate aussi chez eux un grand dévouement à leur cause ; les parfaits sont désintéressés ; ils se contentent du nécessaire, des aumônes volontaires données par leur peuple ; tandis que les croyants font de leur mieux pour fournir à leurs ministres tout ce qui peut leur être utile. Les actes de sacrifice ne se comptent pas dans leur histoire ; on en trouve témoignage jusque dans les pièces inquisitoriales. Une femme, par exemple, léguait sa robe à une autre vaudoise et vingt sous à la société des Pauvres de Lyon ; ce qui attira sur son cadavre la colère de l'Inquisition. Il fut exhumé et jeté en terre profane (2).

Avec les Cathares et bien d'autres sectaires du moyen âge, les Vaudois, nous l'avons dit, rejetèrent le serment, sauf aux timides à le prêter, sous les menaces des inquisiteurs. Nous avons déjà parlé de leur horreur du mensonge, il est inutile d'y revenir. De tout ce que nous savons d'eux, les Vaudois nous paraissent donc, d'après leurs principes, des gens fort inoffensifs. Malheureusement leurs premières désobéissances les rendirent suspects, bientôt leurs théories ébranlèrent les fondements de l'autorité ecclésiastique, on les traita dès lors comme des hérétiques, et comme c'était l'époque où l'Eglise et l'Etat engagés à mort dans la lutte avec des sectaires de tout nom, Cathares, Albigeois, Patarins et autres, en

(1) Yvonet, p. 1781 ; Pseudo-Reiner, p. 264 ; V. dans Perrin, *le Livre des vertus*, p. 186 sq., les anathèmes contre les danses, la luxure, etc. Hahn, t. II, p. 109, 141, 149, 272. Le caractère puritain des Vaudois n'est guère contestable. Ils poussent même la sévérité à l'exagération en soutenant que le mensonge est toujours péché mortel ; Bernard Gui, p. 251.

(2) *Liber Constitutionum et practicae sancti officii inquisitionis*, Bibliothèque Ambroisienne, A, 129, inf. f° 78 recto, d'après Molinier, *Etudes*, p. 179. Cette sentence est probablement due à l'Inquisition lombarde. Sur la générosité des Vaudois, V. Bernard Gui, *Practica*, p. 251 et dans les derniers temps la lettre du barbe Morel, dans Comba, p. 611.

venaient aux mesures les plus rigoureuses, les pauvres Vaudois, assez mal distingués des autres dissidents, se virent englobés dans les rigueurs dirigées contre des sectaires plus dangereux (1).

(1) Les doctrines vaudoises des derniers temps sont, il est vrai, presque aussi hostiles à l'Eglise que le protestantisme : messes, images, indulgences, toutes les pratiques catholiques y sont abolies. Mais n'oublions pas, d'une part, l'influence hussite, d'autre part, l'influence protestante, qui a fait retoucher bien des livres vaudois, en sorte qu'il faut toujours se demander si les points les plus révolutionnaires ont été réellement des enseignements vaudois. Enfin, il faut bien reconnaître que la persécution dut accélérer le mouvement de répulsion, pour tout ce qui touchait à l'Eglise. Cf. Hahn, t. II, p. 138, 140, 142, 144, 146 sq., 278.

CHAPITRE VI

Les premières persécutions.

ARTICLE I. — LE BANNISSEMENT.

L'archevêque de Lyon, Guichard aux Blanches Mains, avait excommunié Valdo avec ses disciples, il les avait chassés de son territoire. Ces premières sévérités furent, ce semble, le pronostic des destinées futures des Vaudois. Ils étaient nés sous une mauvaise étoile, puisqu'ils durent attendre longtemps, jusqu'à la Révolution française, le moment où luirait sur eux le jour de la tolérance. Dès 1184, nous les avons vus signalés spécialement dans les bulles de Lucius III. On doit bien penser qu'ils ne furent pas épargnés dans les édits lancés alors par l'empereur Frédéric Ier Barberousse, pour faire plaisir au pape, et n'échappèrent, dès ce temps, ni aux poursuites, ni aux châtiments. Frappés par l'excommunication pontificale, ils tombaient en même temps sous le ban impérial, ce qui entraînait l'exil, la confiscation des biens, l'incapacité de toute fonction publique et l'infamie (1).

(1) La bulle de Lucius III se trouve dans bien des collections, Labbe, t. X, col. 1717 ; Mansi, t. XXI, p. 476 ; Hahn, t. I, p. 489 ; *Décrétales*, lib. 5, tit. 7, c. 9 ; Frédéricq, t. I, p. 53 sq. ; cf. Rocquain, t. I, p. 320 ; Comba, p. 59.

Nous ne possédons aucune donnée sur les résultats immédiats de ces décrets, ni sur leur application aux Vaudois. En ce qui regarde notre pays, le document le plus ancien, qui nous montre les disciples de Valdo dans le Languedoc, nous les présente disputant, à Narbonne (1190), avec des théologiens romains ; ce qui suppose en tous cas des poursuites fort peu actives. Ils furent déclarés hérétiques par l'arbitre, Raymond de Deventer, et l'archevêque Bernard Gaucelin les condamna. On ne voit pas qu'ils aient eu, sur-le-champ, à se ressentir de cette double sentence (1). En revanche, Alphonse II, roi d'Aragon (1162-1196), met les Pauvres de Lyon hors la loi de ses Etats, il prescrit de les expulser, et de confisquer les biens de tous ceux qui leur donneraient asile (1192). C'était l'application à l'Aragon des décrets de Frédéric Ier et du pape Lucius III (2). Plus sévère, Pierre II le Catholique (1197-1213), en renouvelant l'édit de son prédécesseur, ordonnait de brûler l'hérétique saisi sur le territoire, après le délai fixé pour l'exécution de la loi (1198) (3).

Ces décrets nous intéressent, car les rois d'Aragon se trouvaient alors suzerains d'un bon nombre de seigneurs de la France actuelle. Il semble cependant qu'ils aient été édictés uniquement pour l'Aragon et la Catalogne. Bien probablement ils n'avaient en vue que les Vaudois proprement dits ou parfaits. Y en eut-il qui tom-

(1) Bernard de Fontcaude, *Contra Valdenses et contra Arianos* in *Maxim. Biblioth.*, t. XXIV, p. 1585 sq. ; Comba, p. 67 ; Ebrard de Beth. in *Maxim. Biblioth.*, t. 24, p. 1522, 1526 ; Vaissette, t. VI, p. 218 ; Tanon, p. 99 ; Bernard I Gaucelin fut archevêque de Narbonne de 1181 à 1191. *Gallia christ.*, t. VI, p. 57.

(2) Lea, t. I, p. 91 ; Pena, *Comment., sur la 2e partie d'Eymeric*, com. 391 ; Llorente, t. I, p. 30.

(3) Llorente, t. I, p. 21 ; la Constitution de Pierre II a été publiée dans *Menendez y Pelayo, Los heterodoxos españoles*, t. I, p. 712.

bèrent alors victimes de leur zèle? Aucun document ne nous l'apprend. En tout cas, la Constitution du roi ne semble pas avoir rencontré dans la population un accueil assez chaleureux pour obtenir l'effet désiré (1).

Le mot terrible de *feu*, lancé officiellement pour la première fois, présageait une longue suite de supplices. Pourtant Innocent III, en confiant à son légat Raynier la mission de faire poursuivre les Vaudois avec les autres hérétiques du Languedoc, réclamait simplement contre eux le bannissement et la confiscation (1198) (2).

Quelques années plus tard, nous trouvons de nouveau des Vaudois, discutant à Montréal, contre l'évêque Diego d'Osma et saint Dominique, tous deux missionnaires en Languedoc (3) (1207). Si, en effet, parmi les contradicteurs des missionnaires, des noms comme Guillebert de Castres, appartiennent aux Cathares, certaines questions disputées, sur la sainteté de l'Eglise qualifiée par les hérétiques de Babylone de l'Apocalypse, sur l'institution divine ou ecclésiastique de la messe, semblent se rattacher plutôt aux doctrines vaudoises qu'à celles des manichéens. Les arbitres, des laïques, laissèrent la conférence sans solution. On assure cependant que cent cinquante hérétiques (vaudois ou cathares?) (4) se convertirent. Une nouvelle conférence à Pamiers mit encore les Vaudois en tournoi pacifique avec les saints missionnaires, redoutables jouteurs, entourés d'une couronne de prélats (1207). Les chroniqueurs

(1) Schmidt, *Histoire des Cathares ou Albigeois*, t. I, p. 369; Comba, p. 74.

(2) Potthast n. 69, 95; Vaissette, t. VI, p. 222. *Lettres à l'archevêque d'Arles et à Guillaume, seigneur de Montpellier*. Innocent III, l. II, epist. 123 et 296; Bouquet, XIX, 379, 380.

(3) Guillaume de Puy-Laurens, c. 9; Vaissette, t. VI, p. 249.

(4) Pierre de Vaux-Cernai, 3; Vaissette, t. VI, p. 249.

catholiques présentent cette réunion comme funeste aux dissidents. Le président, d'abord favorable aux hérétiques, se rallia entièrement à la cause soutenue par saint Dominique (1).

Il ne fut pas le seul, car on rattache à cette conférence de Pamiers la conversion de Durand de Huesca. C'était un clerc, vraisemblablement un prêtre, influent dans son parti, puisqu'un certain nombre de clercs vaudois se joignirent à lui pour demander de revenir à l'Eglise, tout en conservant leur manière pauvre de vivre. Ils demandaient de continuer leur vie commune et leurs prédications, mais désormais leur zèle de prédicateur se dépenserait au service de la foi catholique. Durand partit pour Rome et, bien reçu du pape Innocent III, obtint, en effet, la confirmation de la règle vaudoise, modifiée de manière à les soumettre à la juridiction épiscopale d'une part, à accueillir d'autre part, dans leur couvent, des frères laïques qui devaient travailler de leurs mains (2).

L'approbation donnée par Innocent III à la nouvelle société sous le nom de « Pauvres catholiques », témoigne d'une singulière largeur d'esprit. Laisser à ces amis de la pauvreté leur manière propre de vivre, en les englobant dans la grande Eglise, semblait devoir être plus fructueux que de les poursuivre. Néanmoins, le projet ne réussit guère. Malgré la protection du pape, malgré le désir de Durand et de ses collègues de fonder un hospice de leurs deniers, hospice vaudois qui aurait deux sections, une pour les religieux, une autre pour les voyageurs malades et les orphelins, les évêques

(1) Pierre de Vaux-Cernai, c. 6 ; Guillaume de Puy-Laurens, c. 8 ; Vaissette, t. VI, p. 261.

(2) Vaissette, *l. c ; Lettre d'Innocent III à l'archev. de Tarragone*, 18 déc. 1208; Potthast, 3571.

virent de très mauvais œil la nouvelle fondation (1).

Les « Pauvres catholiques » ne vécurent pas longtemps. D'un autre côté, une tentative analogue, suscitée sans doute par les paroles et l'exemple de Durand, au milieu des Pauvres lombards, fut entreprise par un certain Bernard Prim, que le pape prit également sous sa protection, en lui indiquant la profession de foi qu'il devait souscrire avec ses adhérents. Cette réforme ne paraît pas avoir eu plus de succès que la première (2). Mais il peut bien se faire que ces tentatives de couvents pauvres, fondés par des convertis et inspirés par l'esprit catholique, ne fussent pas étrangères aux fondations autrement fécondes de saint Dominique, à la Prouille ; de saint François, à Assise.

ARTICLE II. — LA MORT.

Les luttes oratoires n'allaient pas tarder à se changer en d'autres plus sanglantes. Si, dans les affreux massacres des guerres albigeoises, les catholiques, restés dans les places assiégées, partagèrent parfois le sort des rebelles (3), inutile de requérir d'autres renseignements pour deviner celui des Vaudois. Les croisés n'avaient pas le loisir de chercher dans quelle mesure exacte leur doctrine pouvait se rapprocher ou s'écarter de celles des Cathares. Désignés comme coupables

(1) Lettres d'Innocent III à ce sujet : l. 11, epist. 196, 197, 198 du 18 déc. 1208 ; Potthast, 3571, 3572, 3573 ; l. 12, epist. 17, du 3 avril 1209 ; epist. 68, 67, 66, 69 du 5 juillet 1209 ; Potthast, 3694, 3766, 3767, 3768, 3769 ; l. 13, epist. 78, 62, 77 des 12 et 13 mai 1210 ; Potthast 3998, 3999, 4003 ; l. 15, epist. 82, Potthast, 4504 ; Pelayo, Append. t. I, 714 ; l. 15, epist. 92, 91, 96, 93, 90 ; 26, 28, 29 mai 1212 ; Potthast, 4504, 4506, 4508, 4510, 4512.

(2) Lettres d'Innocent III sur Bernard Prim, l. 13, n. 94, du 14 juin 1210 ; Potthast, 4014. l. 15, n. 137, du 23 juillet 1212 ; n. 146 du 1er août 1212; Potthast, 4567, 4569 ; Müller, p. 17 ; Comba, p. 77, 109.

(3) On sait qu'à Béziers on massacra tout indistinctement.

d'hérésie, aussi bien que les manichéens (1), les enfants de Valdo eurent le sort des disciples de Manès ; c'étaient des hérétiques ; des croisés les brûlèrent, les pendirent ou les massacrèrent indistinctement. Dans quelques cas assez rares, les chroniqueurs signalent spécialement les Pauvres de Lyon parmi les victimes. Ainsi le légat Robert de Courçon en fit brûler sept, faits prisonniers au château de Marillac (2) (1214). Peut-être fut-ce dans ces circonstances fort dangereuses pour eux que les Vaudois prirent les habitudes de dissimulation, de réponses subtiles, qui mécontentèrent ou déroutèrent plus tard les inquisiteurs (3).

Pendant que se déroulaient les drames sanglants du Languedoc, les communautés vaudoises, à peine fondées dans les provinces du Nord, se voyaient, elles aussi, soumises à de rudes épreuves. Si la mission ordonnée par Innocent III à Metz (1200), et confiée à trois abbés de Citeaux, se contentait de brûler les traductions de la Bible en langue vulgaire, et d'expulser les missionnaires vaudois (4), la « fosse aux hérétiques » de Strasbourg (1212), servait de théâtre à l'affreux autodafé, qui vit brûler plus de quatre-vingts personnes, dont la majorité est dite vaudoise. Ce fut un coup de massue terrible asséné par l'évêque

(1) Voyez la bulle d'Innocent III du 21 avril 1196, lib. I, epist. 94 ; Potthast, 95 ; Vaissette, t. VI, p. 222.

(2) Pierre de Vaux-Cernai, c. LXXIX ; Vaissette, t. VI, p. 445. Une tolérance relative semble cependant avoir protégé assez longtemps les Vaudois dans le Toulousain, où ils vivaient d'aumônes, lisaient et chantaient dans les églises. V. la Confession de Guillaume de Saint-Michel de Castelnaudary, Bibliothèque de Toulouse, manuscrit 609, f° 252 ; Douais, *Documents pour servir à l'histoire de l'Inquisition, textes*, p. 109 note ; cela se passait en 1205. On connaît un témoignage postérieur à 1215 constatant la même liberté accordée aux Vaudois qui engageaient à l'occasion des discussions contre les Cathares. V. la confession de Michel Verger d'Avignonet, Biblioth. de Toulouse, *l. c.*, f° 136. Douais, *l. c.*

(3) Bernard Gui, *Practica*, p. 252.

(4) V. plus haut, *Lettres d'Innocent III*, l. 2, epist., 235 ; Potthast, 893.

Henri II de Behringen (1202-1233) (1). La terreur répandue par l'événement paraît avoir fait disparaître, comme par enchantement, les Vaudois de l'Alsace, de la Lorraine et de la Flandre, car on n'en retrouve plus guère que de très rares mentions dans les années qui suivirent.

L'établissement de l'Inquisition régulière allait du reste se livrer à une chasse moins bruyante, quoique bien plus efficace. Elle fera disparaître complètement de la France l'hérésie lyonnaise, sauf des montagnes du Dauphiné et de quelques districts de Provence où nous les retrouverons plus tard. Ce qui est singulier, c'est que la sorcellerie prit en Flandre d'assez bonne heure, en France vers le xve siècle le nom des Vaudois. Etait-ce en souvenir des véritables Léonistes du xIII[e] siècle, restés dans la mémoire populaire comme les hérésiarques par excellence ; était-ce par une confusion ou par une certaine analogie avec les Vaudois des Alpes et d'Allemagne, combattant les mêmes dogmes romains, ou habitant les mêmes pays que les prétendus sorciers, il ne nous est pas facile de le savoir (2).

(1) *Annales Marbacenses*, dans les *Monument. German. script.*, t. XVII, p. 174 ; Tenon, p. 99 : Comba, p. 149 : Glockler, *Geschichte des Bisthum Strassburg*, t. I, p. 224.

(2) Cette confusion peut bien avoir pris sa source dans les bulles pontificales où le démon était allégoriquement représenté comme l'ange, le chef des hérétiques : de là à faire des hérétiques les sectateurs d'un démon visible, il n'y avait qu'un pas. N'avons-nous pavu de nos jours une parole du pape Léon XIII parlant allégoriquement de Satan comme président des Loges francs-maçonnes, devenir une preuve pour beaucoup de la présence visible du diable dans les tenues maçonniques. V. Comba, p. 571. Déjà au commencement du xive siècle on parlait de chat, diabolique sans doute, dans certaines réunions vaudoises, et Bernard Gui, l'inquisiteur, qui ne devait pas être un naïf, l'admet sans observation. Bernard Gui, *Practica*, p. 248. En tout cas, au xve siècle, il était bien entendu que tout Vaudois était sorcier. Les érudits expliquaient même que les disciples de Valdo, persécutés par l'Eglise, s'étaient adressés aux démons pour se tirer d'affaire ou mettre le comble à leurs crimes. Dialogue d'un chartreux de la Val-Dieu, *De diversarum religionum origine*, Martène et Durand, *Amplissim. collect.*, t. VI, p. 11 sq ; Hansen, *Quellen und Untersuchungen zur Geschichte des Hexerwahns*, Bonn, 1901, p. 240.

CHAPITRE VII

L'Inquisition du Languedoc.

ARTICLE I. — LES VAUDOIS POURSUIVIS AVEC LES CATHARES.

Avec l'institution définitive de l'Inquisition confiée à des juges spéciaux, le plus souvent en France, dominicains ou franciscains, s'ouvrit pour les Vaudois, comme pour les Cathares, une ère de persécution régulièrement conduite jusqu'à la disparition de la secte. Le Languedoc en particulier vit tout naturellement les Pauvres de Lyon partager le sort des manichéens sous le régime inquisitorial, comme leurs destinées avaient été souvent communes pendant la guerre. Dans un cas comme dans l'autre, par suite de la dénomination vague d'hérétique donnée en particulier aux Cathares, mais en général aussi à tous les dissidents, il ne nous est pas toujours facile de distinguer qui, parmi les condamnés, suivaient les doctrines de Valdo, qui s'attachaient aux traces anciennes de Manès (1). Pourtant, dans

(1) Les contemporains y voyaient-ils bien clair eux-mêmes, il semble bien que non. Les inquisiteurs Bernard de Caux et Jean de Saint-Pierre condamnent à la réclusion dans un couvent, une religieuse, Jeanne, veuve d'un Bernard de la Tour, accusée d'avoir adoré les hérétiques, c'est-à-dire d'après le langage courant, les ministres cathares et d'avoir donné des aumônes aux Vaudois. Ce fait suppose ou bien de l'éclectisme chez la pauvre femme, ou un manque

certains cas, la dénomination de Vaudois ou Pauvres de Lyon est bien précise. Parcourons donc rapidement ce qui dans les annales inquisitoriales peut nous intéresser.

Quand l'évêque Durand d'Albi (1228-1254) organisa dans son diocèse une confrérie contre les hérétiques, il lui donna pour but de combattre les hérétiques, les Vaudois et toutes les autres erreurs (1243) (1). On ne saurait donc douter qu'un certain nombre de léonistes furent dès cette époque punis par cet évêque si actif. Ses successeurs, Bernard de Combret (1254-1271), surtout Bernard de Castanet (1275-1308), dont toute la vie fut pleine de démêlés ou de batailles contre les dissidents, eurent, sans doute, maille à partir avec les Vaudois. En voyant ailleurs les inquisiteurs de Carcassonne interroger leurs témoins sur l'hérésie et la vaudoiserie (1250) (2), nous sommes bien convaincus que les suspects de l'un comme de l'autre devaient comparaître devant le tribunal, si les juges parvenaient à les découvrir. C'est ainsi que l'archevêque de Narbonne condamna deux femmes vaudoises à la prison (1251) (3). De même les inquisiteurs de Toulouse de 1271 à 1274 semblent avoir puni pas

de netteté dans les termes usités d'hérétiques et de Vaudois (1246). Douais, *Documents, textes*, p. 31.

De même dans les dépositions reçues par les mêmes inquisiteurs contre le dualiste Pierre Garcias, un témoin dit que la mère du suspect était vaudoise. Douais, *l. c.*, p. 109 ; d'autres qu'elle avait été sur le point d'être hérétiquée, c'est-à-dire reçue parfaite cathare, ce qui la supposait croyante manichéenne. Douais, *l. c.*, p. 95, 101.

(1) Douais, *Documents*, introduct. p. 88. L'inquisiteur Pierre Ceila rencontra, paraît-il, beaucoup de Vaudois dans le Querci et leur imposa des pénitences légères. Collection Doat, t. XXI, cf. 185 sq.; Tanon, p. 100.

(2) Douais, *Documents*, textes, p. 244, 269. C'est le registre de l'Inquisition de Carcassonne de 1250 à 1267.

(3) Vaissette, t. VIII, col. 1272.

mal de Vaudois avec les manichéens parus à leur barre (1).

Il nous faut malgré ces traces de poursuites attendre le XIVe siècle pour trouver dans les monuments publics la mention nominale de Vaudois frappés par l'Inquisition. Au sermon public ou autodafé (2) tenu à Toulouse en 1315, les inquisiteurs Bernard Gui et Geoffroy d'Albi condamnent à la prison un vaudois, bourguignon d'origine. Ils en livrent un autre, impénitent, Jean Brayssa, au bras séculier. Quatre ans plus tard, le « sermon » célébré encore à Toulouse comprenait cinq Vaudois pénitenciés, quatorze condamnés aux croix, vingt-huit à la prison, un autre frappé d'une condamnation posthume. Tous ces condamnés étaient de simples croyants (3). En même temps, les inquisiteurs livrèrent au bras séculier un prêtre nommé Jean Philibert et deux laïques, tous les trois relaps (4). Aucun d'eux n'est indiqué comme ministre ou parfait. Mais le prêtre surtout se trouvait en relations tellement intimes avec les Vaudois, que bien probablement il était membre de la communauté des ministres.

(1) Vaissette, t. IX, p. 38.

(2) La cérémonie, où les accusés de l'Inquisition recevaient leur pénitence en public s'appelait, en France, sermon public, en Espagne, autodafé. Tous ceux qui y comparaissaient n'étaient pas nécessairement condamnés, car beaucoup étaient graciés. Très peu étaient livrés au bras séculier, c'est-à-dire au feu. L'immense majorité se voyait soumise à diverses pénitences, des pèlerinages, la prison, le port des croix, des prières, des jeûnes, etc.

(3) V. *les Actes du Sermon*, dans Limborch. *Liber sentent.*, p. 201 sq.

(4) Limborch, *Liber sentent.*, 252 sq., 262 sq., 272 sq. ; Vaissette, t. IX, p. 386, sq.

ARTICLE II. — LES AUTODAFÉS DE VAUDOIS.

Les Vaudois jusqu'alors condamnés étaient d'origine bourguignonne. S'ils avaient fui de leur pays pour éviter les poursuites ecclésiastiques, ils purent se convaincre qu'il n'était pas facile d'échapper au bras puissant de l'Inquisition. A Pamiers, l'évêque Jacques Fournier, assisté des inquisiteurs, en livra deux au bras séculier, Jean de Vienne et Huguette sa femme, qui avaient déjà eu des démêlés avec l'inquisition de Carcassonne (1321) (1). Nous rencontrons ensuite trois Vaudois, originaires du diocèse de Rodez, condamnés à des pèlerinages, lors de l'autodafé de Toulouse de 1322, cinq soumis aux croix, deux à la prison, cinq défunts atteints par des sentences posthumes ; tandis que quinze contumaces et fugitifs sont frappés d'excommunication et menacés des peines des contumaces. Une femme vaudoise est, le même jour, livrée au bras séculier (2).

Cette pauvre créature, que les actes nomment Ermenio, était originaire de Bourgogne, avec un certain nombre des autres condamnés ; nouvelle preuve que les Vaudois avaient eu des églises prospères en Bourgogne, mais qu'ils y étaient traqués sans pitié et obligés de s'enfuir. Elle refusa constamment de prêter serment, et son obstination la conduisit au bûcher. Son supplice termina la longue cérémonie, dont les Vaudois avaient eu les

(1) Limborch, *Liber sentent.*, p. 289 sq.

(2) Limborch. *Liber sentent.*, p. 339 sq. Sur toutes ces pénitences, on peut voir le livre de M. Tanon, *Histoire des tribunaux de l'Inquisition en France*. Nous n'allons pas tarder, nous-mêmes à publier dans notre *Histoire de l'Inquisition en France*, un volume spécial sur la procédure inquisitoriale, où le lecteur trouvera tous les détails nécessaires sur les peines imposées dans les tribunaux inquisitoriaux.

honneurs principaux, sinon tous. A peu près vers la même époque, quatre Vaudois, pauvres artisans originaires de Vienne, chassés sans doute de leur pays par la crainte d'être saisis, vinrent tomber entre les mains redoutables de l'évêque Fournier, et furent livrés au bras séculier (1).

Parmi les condamnés de l'inquisiteur de Carcassonne, Henri de Chimay (1318-1329), avec des cathares, des spirituels et autres sectaires, se trouvent encore des Vaudois (2). Ils deviennent cependant de plus en plus rares. Tout au plus pouvons-nous mentionner au XVe siècle, à Montpellier, une certaine Marguerite Sauve, vaudoise ou professant à peu près les doctrines vaudoises, que le dominicain Raymond Cabassa, vicaire de l'inquisiteur, condamna, et que le bailli fit brûler (1407) (3). Dans tous les condamnés, dont nous avons encore les noms, on ne trouve aucun ministre, bien que les dépositions en signalent plusieurs. Est-ce que leurs sentences ne nous ont pas été conservées, ou bien, grâce au dévouement de leurs fidèles, ont-ils pu constamment déjouer les efforts des inquisiteurs pour les prendre? La question reste indécise, faute de documents pour la trancher. Il semblerait cependant bien étonnant que la police, établie pour la surveillance générale des dissidents, n'ait jamais pu réussir à mettre la main sur un des missionnaires vaudois, et dans ce cas, ou il se sera converti, ou le bûcher l'aura dévoré; car l'Inquisition recherchait avec énormément de soin les ministres des sectes,

(1) Molinier, *Etudes*, p. 228. Jacques Fournier, évêque de Pamiers (1317-1326), devint ensuite pape sous le nom de Benoît XII (1334-1342); il resta toute sa vie un adversaire terrible des hérétiques et un partisan décidé de l'Inquisition.

(2) Vaissette, t. IX, p. 400, note; Tanon, p. 101.

(3) *Parvus Thalamus de Montpellier*, publié par la Société archéologique, 1811, p. 461; Tanon, p. 107.

sachant bien que leur conversion avait une influence énorme, ou que leur mort répandrait la terreur dans leurs troupeaux.

Quoi qu'il en soit, avec le manichéisme, la vaudoisie disparaît du Languedoc dans le cours du XIVe siècle, par la fuite de ses partisans et de ses ministres, par la conversion de certains et aussi la fusion de quelques-uns dans l'hérésie des béguins ou fratricelles, alors dans toute sa force. Plus d'un point commun réunissait, au reste, les enfants de Valdo aux fils de saint François devenus rebelles (1).

En dehors du Languedoc, l'Inquisition les avait mis à l'épreuve. Contre eux, le Saint-Office avait été institué en Bourgogne, et bien que ses tribunaux ne subsistèrent pas longtemps, la présence de Vaudois bourguignons, constatée dans le Midi, témoigne que les poursuites n'avaient pas été inefficaces. S'il en tomba entre les mains du dominicain Robert le Bougre, l'exterminateur des cathares du Nord, nous n'avons pas besoin de nous enquérir longuement de leur sort (2). Sur la rive gauche du Rhône, les Vaudois n'étaient guère plus tranquilles. Nous en avons vu à Pamiers, fugitifs de Vienne. Nous savons d'ailleurs qu'Avignon assista au supplice d'un de ces infortunés, mourant sur le bûcher en 1315 (3), et qu'à la même époque, les inquisiteurs parcouraient déjà les vallées du Dauphiné, à la quête des hérétiques ; c'est cependant dans ces vallées que les Vaudois se maintinrent malgré tout, et c'est de leur côté

(1) Les fratricelles ou béguins professaient la pauvreté absolue, ils ne voulaient ni couvents, ni greniers, ni rien. Le Christ et les apôtres, d'après eux, n'avaient rien possédé, même en commun. Ils devinrent schismatiques et furent rudement poursuivis.

(2) Sur Robert le Bougre, on peut voir notre petit travail sur les Albigeois ; Tanon, p. 114.

(3) Limborch, *Liber sentent.*, p. 340.

qu'il faut maintenant nous diriger, pour étudier leur ténacité et leurs souffrances (1).

(1) L'Allemagne devenait aussi une terre de contradiction pour les Vaudois, mais il n'est pas de notre plan de parler des hérétiques allemands. Contentons-nous de signaler les hérétiques vaudois poursuivis par le terrible Conrad de Marbourg. Plusieurs disciples de Valdo comparurent devant Thierry, évêque de Trèves (1231) ; un d'entre eux fut brûlé. Frédéricq, t. I, n. 82 ; t. II, n. 22 ; Hefele, 659, 1016 ; *Gesta Treviror. episcop.* ; Martène, *Amplis. coll.*, t. IV, p. 232 ; *Monum. Germ. script.*, t XIV, p. 400.

CHAPITRE VIII

Les Vaudois des Alpes.

ARTICLE I. — ÉPOQUE DE TRANQUILLITÉ RELATIVE.

Le cours du XIVe siècle assistait donc à la disparition des Vaudois du Languedoc. Leurs frères de la Provence, du Dauphiné, du Piémont, de l'Embrunois et du Valentinois, jusqu'alors assez tranquilles, se virent à leur tour vigoureusement pourchassés. D'où étaient venus ces Vaudois ? De Lyon, disent les uns (1), des conversions opérées sur place par les prédicateurs ambulants (2), suivant d'autres.

D'après une troisième opinion, les fugitifs du Languedoc, de la Lombardie et des autres pays de persécution, avaient cherché, dans les montagnes, pauvres, offrant en échange des retraites faciles, l'asile qu'ils ne pouvaient trouver dans leurs pays natals, plus riches, mais trop surveillés (3). Probablement l'afflux des Vaudois dans

(1) Gilles, *Histoire ecclésiastique*, c. I ; Comba, p. 297.

(2) Comba, p. 305.

(3) Une preuve de l'activité déployée contre les Vaudois est la lettre adressée d'Avignon par les archevêques d'Aix, d'Arles et de Narbonne, recommandant d'arrêter les Vaudois seulement quand ils sont impénitents, risquent de prendre la fuite ou de devenir un danger pour les autres ; car les charges des prisons deviennent trop lourdes, et bientôt il n'y aura plus assez de pierres pour en construire de suffisantes (1228), Flacius Illyricus, *Catal. test. verit.*, p. 554 ; Perrin, p. 104 ; Léger, t. II, p. 2 ; Comba, p. 317, 305.

les Alpes dut son origine aux trois causes réunies. En tout cas, les disciples de Valdo, répandus sur les deux versants piémontais et dauphinois des Alpes, eurent à leur tour à soutenir des assauts semblables à ceux de leurs frères du Languedoc.

A vrai dire, ils n'étaient pas restés jusqu'alors sans inquiétudes. L'ordre d'Othon IV prescrivant à l'évêque Carisio de Turin d'expulser les Vaudois de son diocèse (1), n'était probablement pas resté lettre morte. Si, à Milan, en 1228 (2), on avait institué une commission inquisitoriale, les Vaudois s'étaient trouvés soumis à ses rigueurs, tout autant que les Patarins et les autres dissidents. Contre eux tous étaient dirigées les dispositions hostiles aux hérétiques, insérées alors dans les statuts de la ville (1223) (3).

D'autre part, les statuts de Pignerol frappaient d'une amende quiconque hébergerait sciemment un Vaudois ou une Vaudoise (4). Comme nous savons que l'évêque Guillaume de Carpentras livra, vers 1240 au bras séculier, trois Vaudois pour les faire périr : Pons Lombard, Jean de Marseille et Girard Etienne (5), nous comprenons

(1) Comba, p. 373 ; Gioffredo, *Monum. Hist. patriae*, t. II, col, 488, Hahn, t. II, p. 162, note 3.

(2) Schmidt, t. I, p. 156 ; Corio, *Storia di Milano*, part. II, p. 756 ; Comba, p. 311.

(3) Ce fut l'ouvrage du podestat Oldrado de Trissino. On lui éleva plus tard une statue dont l'inscription rappelait qu'il avait brûlé les cathares comme il le devait : « Catharos ut debuit, ussit. » Muratori, *Antiquit. itali.*, t. V, p. 90 ; Comba, p. 315. Mais les Statuts urbains condamnaient les Pauvres de Lyon tout aussi bien que les cathares, et les Vaudois eurent bien certainement à souffrir de l'orthodoxie intransigeante du podestat.

(4) *Liber statutorum civitatis Pinerolii*, August. Taurin, 1602 c. LXXXIV ; Comba, p. 316 ; Hahn, t. II, p. 162, note 3.

(5) *Summa de officio inquisitionis*, Bibliothèque Laurentienne, Plut. VII, Sinistra, cod. II, fol. 125, 127 ; Molinier, *Etudes*, p. 162.

que le danger environnait les pauvres croyants vaudois des montagnes. Malgré tout, cependant, en dépit des dispositions législatives des autorités italiennes, bien que les bûchers s'allumassent ici ou là sur la rive gauche du Rhône, les Hautes-Alpes avaient, jusqu'au XIVe siècle, joui d'une tranquillité relative (1). Les Vaudois y avaient multiplié leurs lieux de culte; les fidèles s'y livraient à l'agriculture, défrichant les pentes boisées des Alpes, et vivant, ce semble, en bons termes avec leurs seigneurs.

Les archevêques d'Embrun du XIIIe siècle, tout occupés de querelles au sujet de leurs intérêts temporels, ne se préoccupèrent pas outre mesure de leurs diocésains, hétérodoxes peut-être, mais tranquilles (2). Pourtant les franciscains s'étaient établis vers 1220 dans la ville métropolitaine sous l'administration de Bernard II Chabert (3), et,

(1) La géographie politique des Alpes au moyen âge n'est pas moins embrouillée que celle des pays moins accidentés. Sans entrer dans des détails qui ne nous intéresseraient guère, rappelons simplement que les comtés d'Embrun et de Gap, où se trouvaient les vallées vaudoises des Alpes françaises, passèrent au Dauphin, comme dot de Béatrix de Claustral, de la maison des comtes d'Albon et de Forcalquier (1202). Les plus célèbres de ces vallées furent la Val Pute ou Vallouise, la vallée d'Argentières, celles de Freyssinières et de Queyras. Comba, *Introduct.*, p. 48 sq.; Brunel, *Les Vaudois des Alpes françaises et de Freyssinières en particulier*, Paris, 1888, p. 34. Sur le versant italien, la vallée du Pô supérieur appartint au marquis de Saluces jusqu'en 1588; la vallée du Pélis, celles d'Angrogne, du Cluson, de Pragela commandée par la célèbre forteresse de Fenestrelle; celles de la Doire et de Luserne, soumises d'abord aux seigneurs de Luserne, subirent les fluctuations des interminables guerres entre les Italiens et les Français. La maison de Luserne s'était rangée à l'obéissance de celle de Savoie en 1233; Comba, p. 267, 269, 322; Léger, t. II, p. 3; Hahn, t. II, p. 162, note 3.

(2) Comba, p. 319 et alibi. Brunel, p. 51 sq., affirme, il est vrai, que tous les archevêques, depuis 1135, persécutèrent cruellement les Vaudois. S'il y eut des persécutions, elles furent dirigées contre d'autres hérétiques, car les Vaudois n'existaient pas encore. Au reste, Brunel ne donne aucune référence.

(3) Brunel, p. 55; Comba, p. 320; Fornier, *Histoire générale des Alpes*, p. 768, n. 2.

dans leur cloître, un ou deux frères avaient probablement reçu le titre d'inquisiteurs ; mais nous ignorons ce qu'ils firent. La première trace d'une peine inquisitoriale se rencontre à Pérouse, où l'inquisiteur, soldé par Philippe de Savoie, inflige quelques pénitences à des hérétiques (1297) (3). Auparavant, le concile de Seyne, près de Digne (1267), sous la présidence de l'archevêque d'Embrun, Henri de Suze, avait bien fait aux évêques l'obligation de rechercher avec soin et de punir les hérétiques de leurs diocèses ; ni ces prélats, ni les inquisiteurs que nous trouvons à Embrun (1288), puis à Briançon (1290), ne semblent cependant avoir obtenu de résultats bien marquants (1).

ARTICLE II. — ACTES DE VENGEANCE DES VAUDOIS.

Avec le XIVe siècle, l'histoire des Vaudois alpins devient plus mouvementée. Le premier supplice connu est celui, à Pignerol, d'une femme accusée de « valdésie » (1312) (2). A partir de ce moment, la lutte devient sérieuse. Mais, contradiction bien humaine ! les disciples de Valdo, jusqu'alors si ennemis de la peine de mort qu'ils réprouvaient la guerre et les exécutions judiciaires, se laissent

(3) Comba, p. 321, d'après l'*Archiv. Camer. de Turin,* Conto Castell. Perosa, Rot. II.

(1) Hefele, 674, 108 ; Brunel, p. 60 ; Raynald, 1288, 14 ; 1290, 4, 6 ; Sbaralea, *Bullarium franciscanum,* 5 vol. Rome, 1749 sq., t. IV, p. 139, an. 1292 ; Comba, p. 328 ; Tanon, p. 202 ; Guillaume de Saint-Marcel, plus tard évêque de Nice, est inquisiteur en 1290 ; Chorier, t. II, p. 392.

(2) Saraceno, *Regesto dei principi di Acaia,* dans les *Miscellanea Societ. Ital.,* t. XX, p. 242 ; Turin, 1881 ; Comba, p. 322.

aller à des assassinats d'abord, puis à des rébellions à main armée. Ils prennent les armes, ils se défendent. Peut-être bien se sentaient-ils poussés à bout, et l'instinct humain de la défense l'emportait-il sur leur foi. Peut-être aussi, poussés par la nécessité, les Barbes accordèrent-ils aux « croyants » une permission, qu'ils refusaient pour eux-mêmes (1). Cela prouve, du moins, cette fluctuation de doctrines dont nous avons parlé. Quoi qu'il en soit, les deux franciscains Catalan Fabri et Pierre Pascal étaient inquisiteurs à Valence. Ils y condamnèrent un certain nombre de Vaudois à porter des croix. Bien que relativement douce, cette pénitence mécontenta la population. Un complot se forma entre hommes déterminés, qui s'emparèrent des deux moines et les massacrèrent (1321) (2).

Qu'advint-il aux meurtriers, l'histoire ne le dit pas. Ce qui est certain, c'est qu'à partir de ce moment les Vaudois sont traqués de près. Malgré leur modestie, leurs précautions, leur soin de se dissimuler, l'œil de lynx de l'Inquisition les surveille. Ils se vengent s'ils le peuvent. Ainsi un curé d'Angrogne, soupçonné d'avoir dénoncé des Vaudois à l'inquisiteur, fut mis à mort (1332) (3). Un peu plus tard, Benoît XII, l'ancien évêque Jacques Fournier, de Pamiers, devenu pape, pressait l'évêque de Valence, le Dauphin Humbert II et l'évêque de Vienne Adhémar de Poitiers, de porter secours aux inquisiteurs, en contraignant les baillis ou les gouverneurs à agir (4).

(1) On se souvient que le serment et jusqu'à un certain point le mensonge étaient tolérés chez les croyants, bien que péchés mortels pour les Vaudois parfaits.

(2) Wadding, *Annales Minorum*, 24 vol., Rome, 1732 sq., an. 1321, 21 ; Brunel, p. 65 ; Tanon, p. 102.

(3) *Bulle de Jean XXII*, 8 juillet 1332 ; Ripoll, *Bullarium ordinis FF. Prædicatorum*, t. I, p. 196 ; Tanon, p. 102 ; Comba, p. 354.

(4) Raynald, 1335, 65 ; Tanon, p. 103 ; Comba, p. 328.

Une petite expédition fut, en conséquence, envoyée dans les montagnes (1336), et, à sa suite, l'inquisiteur d'Embrun se transporta à la Vallouise, où il condamna plusieurs sectaires, dont les biens furent confisqués (1338) (1). Les années suivantes, nouvelles condamnations, exhumations et crémations de cadavres (2). Quelques hérétiques de Queyras arrêtés se virent enfermés dans le château de Briançon. Un certain Rifle de Vallouise, cité avec sa femme, abjura ; il en fut quitte pour une amende. Nous savons que les chanoines d'Embrun prêtaient leur concours aux inquisiteurs, ayant obtenu le privilège d'avoir part dans ce cas, même absents, aux distributions canoniales (3). Ces détails nous montrent donc, vers le milieu du XIVe siècle, l'Inquisition en pleine activité dans les montagnes, avec ses coutumes et ses règles propres, telle en un mot qu'elle agissait dans le Languedoc.

La peste noire s'était abattue sur le Dauphiné (1346). Ses ravages détournèrent pour quelque temps de la persécution des hérétiques, et firent porter les colères populaires sur les Juifs accusés, suivant la coutume, de l'empoisonnement des sources. Quatre-vingt-treize de ces pauvres diables égorgés dans le seul village de Veynes-sur-Buëch, témoignèrent de la folie des populations, autant que de l'impuissance des autorités (4). Pendant ce temps, de l'autre côté des montagnes,

(1) Raynald, 1335, 63 ; Valbonnais, *Mémoires pour servir à l'histoire du Dauphiné*, p. 346 ; Compte du bailli d'Embrun de 1336 ; Tanon, p. 103 ; Comba, p. 328 ; J. Chevalier, *Mémoire historique*, p. 17 sq.

(2) Tanon, *l. c.*

(3) Lombard, *Pierre Valdo et les Vaudois du Briançonnais*, p. 18 sq. ; Comba, p. 329.

(4) Veynes est un chef-lieu de canton des Hautes-Alpes ; Brunel, p. 67.

l'inquisiteur dominicain du Piémont, Ruffino Gentili, dont le dauphin Humbert II soldait les dépenses, l'indemnisait, grâce au profit des confiscations. Le supplice de deux Vaudois, condamnés au feu, terrorisa les paroisses suspectes, qui consentirent à verser d'assez fortes amendes, pour expier leur négligence à poursuivre l'hérésie (1).

ARTICLE III. — L'INQUISITION DANS LES MONTAGNES.

Après la peste, les vallées françaises revirent les inquisiteurs. Sur le siège d'Embrun se trouvait un prélat ne manquant pas d'énergie, Pasteur de Sarrats (2). Fortement appuyé par le Dauphin, il fit, dit-on, brûler douze hérétiques devant sa sa cathédrale (3). Bien qu'avec moins de rigueur, les poursuites continuèrent sous son successeur Guillaume des Bordes (4), assisté de l'inquisiteur franciscain, Pierre des Monts. Le pape Clément VI leur écrivit en effet de purger le pays de l'hérésie (1352), tandis que le nouveau dauphin, Charles II, fils du roi Jean II de France, ordonnait à ses baillis de seconder leurs pieuses entreprises. Aussi des cadavres furent exhumés, douze, dit-on, brûlés ensuite ; vingt et un Vaudois de la Vallouise fugitifs, frappés de contumaces ; d'autres, punis d'amendes, ou condamnés à porter les croix sur leurs vêtements (5).

(1) Gabotto, *Roghi e Vendette*, documento 2a tiré de l'archive communal de Méane ; Comba, p. 330.

(2) Il est encore appelé Pasteur d'Aubenas, il siégea de 1338 à 1350, *Gallia christiana*, t. III, col. 1086, 1087.

(3) Lettre de Humbert II, ordonnant à ses baillis de prêter leur concours à l'archevêque, Valbonais, p. 621 ; Tanon, p. 103 ; Muston, *l'Israël des Alpes*, t. I, p. 52 ; Comba, p. 331.

(4) De 1350 à 1364. *Gallia christiana*, t. III, col. 1087.

(5) Comba, p. 333 ; Arnaud, *Histoire des persécutions*, p. 53.

Avec l'inquisiteur François Borelli, les choses vont encore plus mal pour les Vaudois. C'est un franciscain, digne émule des inquisiteurs dominicains du Languedoc, non qu'il abuse de son pouvoir : l'Inquisition est maintenant trop réglée, fonctionne trop mécaniquement pour qu'il y ait place à de grandes irrégularités ; mais il l'exerce avec intelligence et activité, ce qui suffit largement. Si c'est lui que les documents désignent sous le nom de l'inquisiteur François, il dut commencer son ministère à peu près en l'année 1360, car en 1365 et 1366 une petite troupe, envoyée par le dit François, pénétra en Vallouise, fit brûler vifs plusieurs Vaudois, exhumer et brûler les ossements d'autres condamnés ; il confisqua par surcroît les biens de ces pauvres gens, tristes dépouilles, dont la vente paya à peine les dépenses de l'expédition (1).

Sous la pression du pape Grégoire XI, la persécution redouble. Le Pontife se plaint en effet que l'hérésie se répande, grâce à la connivence des officiers royaux. Ceux-ci, au lieu d'aider les inquisiteurs, leur suscitaient des obstacles, les obligeaient de procéder conjointement avec des juges séculiers, ou délivraient les prisonniers arbitrairement (2). Pour remédier à ces abus, le pape envoyait un commissaire pontifical, l'évêque de Massa (1375), qui devait donner un coup d'épaule aux évêques ainsi qu'aux deux inquisiteurs, François Borelli et Bertrand de Saint-Guillaume. Les emprisonnements devinrent alors si nombreux, que les prisons du pays furent insuffisantes. L'argent manquait pour la nourriture des prisonniers. Aussi le pape ordonna-t-il de construire de nou-

(1) Lombard, p. 23 sq. ; Tanon, p. 104 ; Comba, p. 335.

(2) Raynald, 1373, 20 ; Tanon, p. 104 ; Bérault-Bercastel, t. VII, p. 330.

velles prisons, et fit appel à la charité des fidèles, pour l'entretien des prisonniers (1).

Confirmé dans son office par Clément VII, chargé de faire une enquête dans tout le pays, d'Avignon à Genève, François Borelli fit, pendant treize ans encore (1380-1393), la vie dure aux habitants des vallées. Sans pouvoir fixer de nombre, ni admettre ceux bien exagérés, semble-t-il, de cent cinquante victimes de Vallouise, brûlées à Grenoble en un seul jour, de quatre-vingts pour Freyssinière et Largentière (2), nous sommes cependant sûrs d'une persécution sanglante. En 1380, l'inquisiteur abandonna cent soixante-neuf Vaudois contumaces au bras séculier. Beaucoup échappèrent, d'autres attrapés par les soldats furent, sans autre forme de procès, livrés aux flammes (3). Deux ans plus tard, autre expédition armée aux ordres de l'inquisiteur, dans laquelle trois Vaudois d'abord, puis un certain nombre d'autres brûlés au pied du rocher d'Embrun, trois à la Vallouise, leurs biens confisqués, témoignent de l'activité, mais aussi de la sévérité du frère François (4).

(1) Wadding, an. 1375, 26 ; Raynald, 1375, 25 ; Tanon, p. 105 ; Comba, p. 336 ; Chorier, t. II, p. 392.

(2) Chorier, t. II, p. 392 ; Tanon, p. 105 ; Comba, p. 336.

(3) *Archives de l'Isère*, B. 29992, p. 262-287 ; Chevalier, p. 130 ; Tanon, p. 100 ; Comba, p. 337 ; Perrin, 109. Peut-être ces victimes sont-elles les mêmes que celles qui suivent.

(4) Lombard, p. 27 ; Tanon, p. 105 ; Comba, p. 337 ; Brunet, p. 76, 84 ; Hahn, t. II, p. 413.

CHAPITRE IX

Les dernières persécutions dans les Alpes françaises.

ARTICLE I. — L'INQUISITEUR PIERRE FABRI.

Un certain répit suivit ces années de violences. On était dans les disputes du grand schisme ; les esprits, occupés de la question des papes, avaient assez à faire ; ils laissaient respirer les hérétiques. Saint Vincent Ferrier, le grand missionnaire du moyen âge à son déclin, dirigea à cette époque (1401) vers les pays des Vaudois une de ces tournées apostoliques, qui ramenaient les âmes à Dieu, par la prédication, non par les supplices (1). Dans cette circonstance, si la parole du saint missionnaire ne produisit pas de fruits bien durables, du moins ne laissa-t-elle pas de souvenirs amers.

Dans le second quart du xve siècle, en 1432, la persécution recommence avec l'inquisiteur Pierre Fabri. Depuis le commencement du siècle, l'inquisition du Dauphiné se débattait contre la misère. Charles V avait promis, après bien des

(1) Fornier, t. II, p. 270 ; Bouche, *Histoire de Provence*, t. II, p. 427 ; Comba, p. 345 ; Chevalier, p. 28 ; Brunel, p. 87.

difficultés, de donner à l'inquisiteur d'Embrun le même traitement qu'à ceux de Toulouse et de Carcassonne (1378) (1). Cette convention, arrachée non sans peine, n'avait sans doute pas tenu longtemps, car Alexandre V cherche, vingt-cinq ans plus tard (1409), à procurer à l'inquisiteur quelques ressources, au moyen d'une taxe sur les Juifs d'Avignon ou sur les évêques de la Province (2) : Mesure que la misère générale empêcha peut-être d'aboutir, puisque nous trouvons notre inquisiteur Pierre Fabri, convoqué au concile de Bâle, s'excuser d'y aller, en parlant de son extrême pauvreté. Il ne touchait, disait-il, pas un sou de l'Eglise de Dieu, et ne recevait aucun salaire d'ailleurs (3).

Sa détresse ne l'en rendait pas moins sévère, puisque, dans sa même lettre au concile de Bâle, il disait que, depuis deux ans, il avait fait pas mal d'exécutions. Au moment où il écrivait, il tenait encore, dans les prisons d'Embrun et de Briançon, six relaps, délateurs de cinq cents de leurs frères (4).

Les vallées piémontaises de Bardonnèche, d'Oulx et de Césane, n'étaient pas moins agitées que les vallées dauphinoises. Soumises, en effet, à l'autorité du juge de Briançon, dont la juridiction s'étendait sur le versant italien des Alpes, elles paraissaient sans doute bien coupables, car le juge civil, rendit contre elles une sentence fort dure, probablement de son chef, et non à la

(1) Lea, t. I, p. 598 ; t. II, p. 181 ; Isambert, *Anciennes lois françaises*, t. IV, p. 491 ; Wadding, an. 1375, n° 21 sq.

(2) Lea, t. I, p. 599 ; V. la bulle de Nicolas V ordonnant au gouverneur d'Avignon de payer les dépenses des inquisiteurs, Wadding t. V, p. 231 ; Potthast, 23.281.

(3) Lea, t. I, p. 599 ; Martène, *Amplissima collect.* t. VIII, col. 101 ; Tanon, p. 107, 205.

(4) Martène, *Amplissima collect.*, t. VIII, col. 101 ; Tanon, p. 107.

suite d'une décision inquisitoriale, qui ne comportait pas de tels supplices. On employa, en effet, paraît-il, pour effrayer les Vaudois, la strangulation, les mutilations et le fouet; aussi certains villages se virent dépeuplés, les habitants ayant pris la fuite devant les tortionnaires (1434) (1).

Quelle lamentable histoire! Malheureusement nous n'avons pas encore achevé de la raconter. On peut, en attendant, se demander : comment, après tant de perquisitions, de si nombreux emprisonnements, tant de morts, restait-il encore un Vaudois dans les vallées suspectes. Par les mêmes procédés employés jadis en Languedoc. Les prédications secrètes des Barbes entretenaient la foi vaudoise dans les cœurs des fidèles, soumis extérieurement à l'Eglise. Les pauvres montagnards, assez attachés à leurs villages pour ne pas vouloir les abandonner, se résignèrent à l'hypocrisie. Après avoir accompli pieusement leurs devoirs de catholiques à l'église romaine, ils se rendaient dans une grotte, une maison amie, dans les bois, parfois jusqu'en un village éloigné, entendre la parole du pasteur proscrit, se retremper dans les croyances de leurs pères, offrir leur modeste offrande au ministre de leur choix, apprendre peut-être quelque nouveau stratagème pour échapper aux regards de l'Inquisition. Les curés sentaient ainsi frémir sous leurs mains des ouailles apparemment dociles, jusqu'à ce qu'une dénonciation, un mot arraché dans les tortures, vînt faire connaître l'hérésie du bon paroissien, si peu suspecté jusqu'alors.

ARTICLE II. — L'ARCHEVÊQUE JEAN BAYLE.

Avec l'épiscopat de Jean IV Bayle, archevêque d'Embrun (1457-1487), commença une nouvelle

(1) Arnaud, p. 61; Comba, p. 343.

série d'épreuves, suite de mesures rigoureuses. Ce furent d'abord de simples pénitences, accompagnées d'abjurations. Mais quand le franciscain Jean Veyleti eut été nommé inquisiteur, les vrais supplices apparurent de nouveau (1). Un relaps fut condamné au feu pour s'être confessé à un Barbe (1463) (2). Un certain nombre de Vaudois perdirent le tiers de leurs biens confisqués, reçurent les croix et l'imposition de pèlerinages plus ou moins lointains (3). Nous sommes loin d'avoir les détails de l'activité inquisitoriale déployée, à cette époque, par l'archevêque et ses auxiliaires ; il faut cependant supposer qu'elle fut grande, et donna prétexte au moins à des récriminations sérieuses, car les populations irritées se décidèrent à recourir au roi de France.

C'était alors Louis XI. Il accueillit avec bienveillance les plaintes de ses sujets. Ce n'est pas qu'il fût plus que ses contemporains partisan de la tolérance religieuse, loin de là ; mais le problème proposé à sa solution était plus complexe qu'il ne paraît tout d'abord. Il se rattache précisément aux questions les plus ardues des rapports entre la conscience et l'Inquisition.

Etre catholique, c'est appartenir et obéir à l'Eglise. On lui appartient par le baptême, on lui obéit en se soumettant à ses prescriptions. Ces prescriptions étant fort nombreuses et de divers genres, les unes morales, d'autres rituelles, d'autres concernant les relations sociales, le mariage par exemple, certaines dogmatiques, en rapport direct avec la foi, il est d'une part difficile

(1) Comba, p. 350 sq. ; Fornier, t. II, p. 358 ; Wadding, an. 1472, 20 ; Perrin t. I, p. 117 ; Arnaud, p. 68 ; *Gallia Christian.*, t. III, col. 1092.

(2) Fornier, t. II, p. 368 ; Comba, p. 351.

(3) Fornier, t. II, p. 371 ; Comba, p. 352.

de les connaître toutes, d'autre part presque impossible de les observer toutes. S'il s'agit donc de décider qu'un tel ou un tel est bon catholique ou non, il restera toujours une certaine marge à l'arbitraire du juge. En certains lieux, par exemple, le travail du dimanche se verra condamné moins sévèrement que dans d'autres, tel juge pourra même décider que, vu les circonstances, il est permis. Mais indépendamment du jugement à porter sur les pratiques extérieures, que dire de la foi, c'est-à-dire de l'assentiment de la raison à la proposition définie comme vraie par le magistère de l'Eglise ?

Prononcer sur cet assentiment intérieur en lui-même, est impossible à l'homme : Dieu seul sondant les reins et les cœurs. Tout ce que le juge humain peut faire, c'est supposer de la foi intime d'après des signes extérieurs, des paroles, des gestes, des écrits, d'après l'observation des commandements ecclésiastiques, ou encore d'après les personnes fréquentées par l'homme soumis à son appréciation. Dans toutes ces données, que d'arbitraire ? que d'indices trompeurs ? L'homme dissimulé, hypocrite, qui se répandra en démonstrations externes de piété, de dévotion à toutes les images, à toutes les processions, à tous les sanctuaires, sera réputé croyant fidèle, et, sur ces indices, le juge d'hérésie le renverra sans doute indemne. L'homme plus franc, capable de railler la superstition s'il la rencontre, de combattre la supercherie parfois, de ne pas attacher plus d'importance qu'il n'est juste aux circonstances en soi fort superficielles de statues, de cérémonies, de sanctuaires, célèbres en un temps, dédaignés en d'autres, par conséquent d'obligation très relative, celui-là sera facilement suspect. Si une dénonciation le frappe, le délateur sera cru, en dépit de toutes les protestations. La torture venait, par-dessus le marché, au temps de l'Inquisition, arracher l'aveu d'hérésie aux plus récalcitrants, à des catholiques n'ayant jamais douté sérieusement des vérités de leur foi.

Sans insister sur ces réflexions qui peuvent aider à faire apprécier le côté défectueux du jugement inquisitorial, quels que fussent l'intelligence incontestable des juges, leurs désirs d'être impartiaux, les précautions prises par les papes pour éviter les injustices, l'inquisiteur devait prononcer de la foi, c'est-à-dire d'une chose intime qui échappe à l'homme. Qu'il jugeât les paroles, les actes ayant rapport à la religion, passe ; mais le plus ou moins d'assentiment à la vérité définie, c'était impossible.

Le condamné pouvait se dire innocent, et Dieu sait s'il y en eut de ces malheureux livrés au bras séculier, dont la mort édifia cependant les assistants. La justice divine seule pourrait nous permettre d'asseoir un jugement solide sur tant de condamnations légères ou graves, prononcées par le Saint-Office. Pour notre but ici, il nous suffit de faire remarquer les chances d'erreur du juge, et, s'il se trouvait influencé par l'esprit général du pays, ou par d'autres causes, combien il pouvait s'égarer et parfois se montrer fort sévère en traitant des peccadilles de crimes. D'autre part, s'il s'agissait de populations que l'inquisiteur sentait hostiles dans le fond, bien que soumises extérieurement, il refusait d'attacher de l'importance à la dévotion extérieure, se trouvant toujours disposé à recevoir les dénonciations, à considérer comme suspects tous les accusés, et à les trouver facilement coupables. Alors sur quoi s'appuyait-il ? Un homme allait à la messe, payait ses dîmes, jeûnait aux jours prescrits, se montrait bon pour ses voisins. Était-il catholique ou non ? Voici qu'une dénonciation l'accusait de recevoir chez lui un Barbe. C'était un ami, un parent peut-être, peu importe. Peut-être, ce n'était pas vrai du tout; mais, à force d'interrogations, a la suite peut-être de la torture, il confessait qu'il en avait reçu, ou qu'il en avait vu, ou qu'il avait assisté à leurs sermons. La conclusion était qu'il était hérétique. En cas de récidive, c'était le bûcher et la confiscation. Et pourtant cet homme ayant des relations intimes avec un Barbe, avait très bien pu garder intacte la foi catholique.

Ce furent des difficultés de ce genre que rencontrèrent nos inquisiteurs alpins. Elles amenèrent donc l'intervention de Louis XI, car, disait-on, les inquisiteurs et l'archevêque poursuivaient de bons catholiques. Dans le désir plutôt de s'enrichir que d'exercer la justice, ils imposaient des amendes assez fortes à leurs prisonniers, avant de leur rendre la liberté (1).

Le roi, nous l'avons dit, ne soupçonnait pas ce que pouvait être la tolérance, et personne, ou à peu près, ne s'en doutait alors. Mais il se trouvait en présence de sujets qui protestaient de leur catholicisme, qui assuraient être de bons catholiques, sur lesquels les renseignements extérieurs étaient bons, et que les inquisiteurs punissaient quand même. Remarquons-le bien: ces juges inquisitoriaux avaient peut-être raison à leur point de vue, et, au fond, la foi de leurs suspects n'était probablement pas aussi solide que les plaintes au roi voulaient bien l'affirmer. Néanmoins l'apparence en certains cas était contre les inquisiteurs. C'est ce qui détermina la solution royale, et les mesures prises successivement, soit par les rois, soit par les papes, dans la question des Vaudois des Alpes.

(1) Perrin, p. 118; Hahn, t. II, p. 414 et Append., p. 725; Tanon, p. 109; Brunel, p. 102.

Louis XI défendit donc aux inquisiteurs de poursuivre les habitants du Dauphiné : toutes les causes concernant les Vaudois seraient soumises à son conseil, les procès en cours seraient abolis, les biens confisqués, rendus. L'arrêt était dur pour « aucuns Religieux Mandians, eux se disans Inquisiteurs de la foy » ; il ne fut cependant guère obéi (1). Comme le roi n'avait pas parlé de l'archevêque, celui-ci put, en conséquence, continuer ses informations. Bientôt la mort de Louis XI (1483) vint lui laisser le champ libre. Les poursuites reprirent de plus belle ; les deux consuls de Frayssinières y furent impliqués. Ils comparurent donc devant l'archevêque et, condamnés par lui, périrent sur le bûcher (1487) (2). Le nouveau roi Charles VIII ne s'était cependant pas désintéressé des Vaudois, car, nous le savons, un conseiller au parlement de Grenoble, Jean Rabot, fut délégué, en qualité de commissaire royal, pour assister aux jugements des inquisiteurs et prendre part à leurs sentences (3).

ARTICLE III. — LA CROISADE.

Sa présence, loin d'améliorer le sort des suspects, servit seulement à mettre les forces royales à la disposition des juges ecclésiastiques. Inno-

(1) L'arrêt royal est du 18 mai 1478. Il a été publié dans Isambert, t. X, p. 793 ; dans Perrin, t. I, p. 118 sq. ; dans Hahn, t. II, Appendice, p. 725. Cf. Lea, t. II, p. 137.

(2) Perrin, t. I, p. 125, sq. ; Tanon, p. 109 ; Hahn, t. II, p. 414 ; Brunel, p. 111.

(3) Ce fait prouve la décadence de l'Inquisition. L'intervention d'un juge laïque eut fait bondir les anciens inquisiteurs, mais le pouvoir royal prenait tant de force, qu'il était nécessaire de lui obéir, sous peine d'être brisé. Perrin, p. 129 ; Tanon, p. 110.

cent VIII, afin d'abattre l'hérésie toujours vivace, avait envoyé dans les montagnes un commissaire apostolique, Albert de Cattanée (a Capitaneis), archidiacre de Crémone (1487) (1). Cet homme ardent, après une tentative inutile contre les Vaudois italiens, se retourna vers les vallées françaises. Huit mille hommes, sous les ordres de Hugues de la Palu, lieutenant du roi en Dauphiné, entrèrent donc, sur les prières du représentant pontifical, dans les gorges de la Vallouise pour dompter les rebelles.

Pourquoi les appelait-on rebelles, et pourquoi cette expédition militaire, contre de pauvres cultivateurs montagnards? Innocent VIII le dit clairement dans la bulle qui donne pleins pouvoirs à son commissaire (2): « En vain, notre bien-aimé fils Blaise de Mondori, de l'Ordre des Prêcheurs et inquisiteur général de ces lieux (le Piémont), s'y est transporté sur l'ordre de son général et du cardinal de Saint-Clément, légat du Siège Apostolique et de notre prédécesseur Sixte IV de bienheureuse mémoire, pour les exhorter à abjurer et pour en extirper leur détestable erreur.

« Ils se sont bouché les oreilles, comme l'aspic qui n'entend pas, et, ajoutant aux maux déjà commis des maux plus grands encore, ils n'ont pas craint de les prêcher publiquement, d'attirer par ce moyen d'autres fidèles du Christ à ces mêmes erreurs, de vilipender les excommunications, interdits et autres censures de ce même inquisiteur, d'abattre sa maison, d'en enlever et

(1) Raynald, 1487, 25; Pastor, *Geschichte der Pæpste,* 4 vol., Fribourg-en-Brisgau, 1901, t. III, p. 262; Sigismondi de Conti da Foligno, *Le storie dé suoi tempi,* dal 1475 al 1510; 2 vol. Rom. 1883; t. I, p. 302 sq.: Berthier, *Histoire de l'Eglise gallicane,* liv. 50, an. 1487. Bulle du 27 avril 1487.

(2) Nous donnons la traduction de Comba, p. 387, sq.

aliéner les biens, ainsi que ceux de plusieurs autres fidèles, de tuer son serviteur, d'en venir à une guerre ouverte, de résister à leurs seigneurs temporels, de ravager leurs possessions, de les chasser de leurs paroisses avec leurs familles, de brûler ou détruire leurs habitations, de les empêcher de toucher leurs revenus et leur faire tout le mal possible, comme aussi de commettre un nombre infini d'autres iniquités pareillement exécrables et abominables. »

Des violences avaient donc été commises, l'inquisiteur chassé, son serviteur tué, les seigneurs et les catholiques expulsés des vallées. C'étaient certainement de graves désordres. Quelle part y avaient pris les Barbes, ou quels avaient été les meneurs, le document pontifical ne le dit pas. Ce qui est certain, c'est que le légat, avant d'user de la force, eut recours aux procédés ordinaires de l'Inquisition : édit de grâce prolongé à plusieurs reprises ; tentatives de missions, pourparlers par le moyen d'intermédiaires catholiques ; puis citations de quelques personnes nominativement dénoncées. Ces citations produisirent quelques résultats, insuffisants cependant. Les gens cités ne venaient pas. Le légat finit par excommunier et livrer au bras séculier les habitants du Val-Cluzon (1487) (1).

C'était l'hiver. Il était impossible de réaliser l'exécution de ces menaces. On le passa en conférences, en interrogatoires, en démarches diverses auprès des habitants des vallées de l'Argentière, de Frayssinières, de la Vallouise, qui finirent aussi par être excommuniés en bloc et livrés au bras séculier (8 mars 1488). Déjà l'armée destinée à exécuter les sentences était réunie à Grenoble (2).

(1) J. Chevalier, p. 50 sq.

(2) J. Chevalier, p. 82.

Huit mille hommes selon les uns, mille seulement selon les autres, sous les ordres de Hugues de la Palu, lieutenant du roi en Dauphiné, ne tardèrent pas à se diriger vers les vallées. Les habitants de Pragela prirent peur. Leurs vieillards allèrent implorer grâce, ils l'obtinrent. Deux opiniâtres furent néanmoins brûlés (1). Les habitants du Val-Cluzon, à leur tour, envoyèrent des protestations de foi orthodoxe et demandèrent des missionnaires. Ces derniers furent cependant mal reçus. Il n'y avait plus qu'à marcher contre les rebelles. Les Vaudois, mal armés, mal dirigés, tentèrent de se défendre en faisant rouler des blocs de rochers sur les assaillants. De part et d'autre on perdit du monde. Quinze hérétiques pris sur la montagne de Fraisse périrent sur le bûcher. Une nouvelle attaque des soldats détermina le Val-Cluzon à se soumettre (31 mars 1488). Ceux de Frayssinières se rendirent aussi sans grand combat (2).

L'armée croisée entra alors dans la Vallouise. Après un simulacre de défense, les Vaudois se virent déborder. L'expédition se termina par une scène terrifiante. Une centaine d'hérétiques, cernés sur un rocher, y furent surpris par les soldats royaux et jetés dans les précipices (1488) (3). On

(1) J. Chevalier, p. 84.

(2) *L. c.*, p. 87.

(3) Chevalier, p. 41 sq., 91 ; Perrin, p. 129 ; Léger, t. II, p. 21 sq. ; Hahn, t. II, p. 415 ; Comba, p. 407 sq. ; Tanon, p. 110. — Suivant d'autres récits, les malheureux furent asphyxiés dans une caverne, à l'entrée de laquelle les soldats avaient allumé du bois vert. Tanon, *l. c.* note ; Brunel, p. 130. — Les interrogatoires parlent bien en effet de cavernes, mais les Vaudois qui s'y étaient rendus n'y passèrent qu'une nuit et jugeant la défense impossible rentrèrent chez eux. J. Chevalier, p. 93, 94. — Peut-être y eut-il plusieurs incidents de cavernes, dans l'un desquels les Vaudois tentèrent de se sauver, en se précipitant eux-mêmes dans les précipices, et se tuèrent dans la chute. C'est un détail peu facile à éclaircir, mais très propre à être dramatisé. Fornier, t. II, p. 413 ; Comba, p. 425 ; Chorier, t. II, p. 501, 502.

dit que la Vallouise resta dépeuplée à la suite de cette croisade, et qu'elle y perdit plus de trois mille de ses habitants. En tout cas, la masse des Vaudois, terrifiée, se rendit à discrétion. Les meneurs périrent sur la potence ou le bûcher ; le légat pardonna aux autres, en leur imposant quelques pénitences (1).

Si les survivants n'avaient pas le cœur plein d'amour pour l'Eglise romaine, c'est qu'ils l'avaient sans doute très dur. Beaucoup d'entre eux professèrent la foi catholique devant le légat ou ses auxiliaires. D'autres, après une pénitence plus ou moins longue, furent admis à la réconciliation. Ces protestations de catholicisme semblent cependant n'avoir été qu'apparentes, aussi l'inquisition ne cessa de surveiller les vallées suspectes. Elle y arrêtait tantôt un ministre, tantôt un relaps. Nous connaissons ainsi plusieurs procès de l'inquisiteur François Plovier (ou Ploieri). Il livra au bras séculier, à Embrun, un suspect de Freyssinières (1489) (2). Deux ans plus tard, nous trouvons à Valence l'évêque Jean d'Epinay, fort actif contre les Vaudois de son diocèse. Il agit de concert avec les inquisiteurs franciscains Pierre et Châtelain. Ceux-ci sont pleins de zèle, trop peut-être, car certains hérétiques, excités par leurs pasteurs piémontais ou lombards, mirent à mort les deux inquisiteurs (1491) (3). Solution qui n'en était pas une. L'année suivante, une vaudoise, mise à la question dans les prisons de l'évêché, ne dut qu'à ses révélations grâce de la vie (4).

(1) Comba, p. 401 sq., 411, 418 ; Chorier, *l. c.* ; Chevalier, p. 97, 152 sq.

(2) Perrin, p 432 ; Tanon, p. 111 ; Comba, p. 441.

(3) Chorier, t. II, p. 491 ; Tanon, *l. c.*

(4) Perrin, p. 131 ; Tanon, *l. c.*

ARTICLE IV. — INTERVENTION DES ROIS DE FRANCE.

Nous voyons à partir de cette époque, reprendre par les Vaudois la tactique, qui leur avait déjà été si utile auprès de Louis XI. Ils protestent de leur orthodoxie, se disent injustement condamnés par l'archevêque d'Embrun et les inquisiteurs ; réclament du roi justice, non miséricorde. Ils finirent par se faire écouter. Si l'on mentionne quatre Barbes exécutés à Grenoble, plus un vaudois pendu par l'ordre de Charles VIII, lors de son passage par les vallées vers l'Italie (1494) (1) ; en revanche, l'archevêque Jean Bayle fut arrêté à son tour. Le roi releva même les montagnards des sentences prononcées contre eux, à la condition expresse qu'ils eussent vécu en bons catholiques (2). Il y avait dans toute cette affaire une question fort délicate, celle des confiscations : chacun de ceux qui en avaient reçu une part prétendant en être légitime propriétaire. Elle donna lieu, sous Charles VIII et son successeur Louis XII, à toute une série de discussions, d'intrigues fort complexes. Contentons-nous d'en signaler les faits les plus saillants.

Dès l'avènement de Louis XII, les habitants de Freyssinières avaient tâché de se le rendre favorable. Leurs agents lui présentèrent donc leurs réclamations (1498). Reçus avec bienveillance par le conseil royal, ils eurent le bonheur de se rendre sympathique le cardinal-légat Georges d'Amboise. Par son intermédiaire, le pape Alexandre VI consentit à accorder un bref d'absolution pour le passé, sous la réserve de la sentence définitive

(1) D. N. Francisci Marci, *Decisiones aureae, Lugduni 1584*, t. II, p. 362 ; Godefroy, *Histoire de Charles VIII*, p. 105 ; Comba, p. 442.

(2) Perrin, p. 138 ; Comba, p. 443 sq.

du légat, avec amnistie pour les crimes commis par les deux partis (1). Une commission formée de Laurent Bureau, confesseur du roi, évêque de Sisteron, et de Thomas Pascal, official d'Orléans, munie des pouvoirs du pape d'un côté, du roi de l'autre, alla sur les lieux mêmes prononcer l'arrêt définitif, soit de condamnation, soit d'absolution (1501) (2). Assez froidement accueillis par l'archevêque d'Embrun, Rostain d'Ancezune (1494-1510) (3), les commissaires n'en firent pas moins leur enquête. La conclusion en fut une ordonnance royale, ordonnant de restituer aux habitants de Fressynières leurs biens confisqués (4), tandis qu'une nouvelle bulle pontificale les absolvait de tous péchés, en particulier de celui d'hérésie (1501) (5).

Ordonnance royale et bulle papale produisirent, il est vrai, peu de résultats en ce qui regardait le passé, car l'archevêque d'Embrun, les seigneurs de Freyssinières et les autres intéressés opposèrent tant de chicanes à la restitution des biens, qu'elle ne put se faire. Le fruit le plus palpable des démarches des montagnards fut, somme toute, et c'était bien quelque chose, la paix accordée aux Vaudois de Freyssinières et des autres vallées, à la suite au moins de la sentence finale rendue par les commissaires royaux en

(1) Comba, p. 145 sq ; Brunel, p. 164 ; Todd, *British Magazine*, t. I, p. 87 ; n° 113, 2 et 3. Brefs des 1er et 5 avril 1501.

(2) Comba, p. 447 ; Brunel, p. 167 ; Tanon, p. 111.

( ) Perrin, p. 140 : Brunel, p. 167 ; Comba, p. 447 ; Todd, *British Magazine*, t. XX, p. 192 sq.

(4) Perrin, p. 145 ; Tanon, p. 112 ; Comba, p. 451 ; Brunel, p. 175 : Le décret est daté de Lyon, 12 oct. 1501.

(5) Comba, p. 441 ; Analyse de la sentence de réhabilitation des Vaudois des Alpes, par M. l'abbé Guillaume dans le *Bulletin historique et philologique du comité des travaux historiques et scientifiques*, Paris, 1891, p. 248 sq ; Archives des Hautes-Alpes, Gap, G. 751 ; Fornier, t. III, p. 400 sq.

1509 (1). Dans l'intervalle écoulé depuis la première ordonnance de Louis XII (1501), le calme, en effet, avait été loin d'être complet. Archevêque, inquisiteurs, prévôts, tous profitant de la condition énoncée dans les édits du roi et du pape, que le pardon supposait les Vaudois bons catholiques, avaient de fait continué les poursuites. Trois femmes d'Oulx avaient été livrées à la mort par Oronce Emé, vi-bailli de Briançon (1501). Une dizaine d'autres Vaudois avaient subi la potence ou le feu à Grenoble, à Fenestrelle ou à Turin (2). Ce fut toutefois le terme de la longue série de souffrances endurées par les Vaudois des Alpes, en tant que Vaudois, car ils vont bientôt se fondre dans les rangs des Réformés, et subir le sort de ceux dont ils ont été les précurseurs.

(1) Remarquons qu'il y eut trois ordonnances royales, une du 12 octobre 1501 ; l'autre du 27 mai 1502 et la troisième rendue après la longue enquête des missionnaires royaux en 1509. Cette dernière condamnait l'archevêque d'Embrun, le prévôt d'Oulx et d'autres, en annulant leur procédure. Brunel p. 192 ; Comba, p. 456.

(2) Comba, p. 451 sq. Le lecteur se rend compte, je l'espère, d'après ce que nous avons dit plus haut, de la cause des contradictions entre les ordonnances royales et la pratique des juges. Le roi disait : Je pardonne, si vous êtes bons catholiques. C'est entendu, répétaient les juges ecclésiastiques ou civils. Mais tel et tel sont hérétiques, et ils seront punis.

CHAPITRE X

Les Vaudois des vallées italiennes.

ARTICLE I. — L'INQUISITEUR JEAN ALBERT DE CASTELLAZO.

Sur le versant italien des Alpes, dans les vals de Luserne, d'Angrogne, de Pragela et autres, les Vaudois avaient subi des épreuves analogues à celles de leurs frères de France, mêlées, si les récits en sont bien authentiques, à des intervalles de répit, malheureusement aussi, à des actes de vengeance, non moins contraires à leurs propres doctrines qu'aux enseignements officiels de leurs persécuteurs. L'inquisiteur dominicain Jean-Albert de Castellazo, sur la nouvelle d'assemblées assez nombreuses de Vaudois à Angrogne, se rendit dans cette vallée. Son arrivée y occasionna des troubles.

Le curé d'Angrogne, soupçonné d'avoir dénoncé ses paroissiens, fut tué; l'inquisiteur, assiégé dans son château, dut battre en retraite et suspendre son enquête (1331) (1).

Il paraît qu'à Angrogne, d'autres hérétiques que les Vaudois, peut-être des cathares, faisaient également de la propagande. La bulle de Jean XII, qui nous apprend ce détail, nous fait connaître un autre point intéressant. C'est la présence dans les assemblées vaudoises d'un prédicateur ambulant, Martin Pastre, qui, passant tantôt sur un versant des Alpes, tantôt sur l'autre, allait de val en val encourager ses coreligionnaires. Il tomba entre les mains de l'inquisiteur franciscain de Marseille, Jean de Badès, preuve qu'il poussait son ministère jusqu'en Provence, où nous trouverons, en effet, plus tard, des communautés vaudoises. On ne sait quel fut le sort de ce pasteur.

ARTICLE II. — ALTERNATIVES DE PERSÉCUTION ET DE TOLÉRANCE.

Pierre de Ruffia, successeur de Castellazo, ne perdit pas de vue les sectaires alpins (1351) ; moins heureux que son prédécesseur, il tomba sous le fer d'un assassin à Suse (2). L'office d'inquisiteur n'avait donc pas que des charmes (1365). Mais on le considérait comme un honneur, périlleux sans doute, si utile cependant à l'Eglise et au bien des âmes, que les religieux ne manquaient jamais pour le remplir. D'un troisième inquisiteur, nous savons qu'il excita le zèle des seigneurs de

(1) *Bulle de Jean XXII*, du 8 juillet 1332 ; Ripoll, t. I, 196 ; Rorengo, *Memorie historiche*, p. 16 ; Comba, p. 355 sq ; Raynald, 1332, 31.

(2) Turletti, *Storia di Savigliano*, III ; Novellis, *Biografia savi-glianese*, Turin, 1840, p. 17 ; Comba, p. 358.

Luserne et des princes d'Achaïe, seigneurs de Pignerol, auxquels il signala un certain nombre de suspects (1). Le destin de ces derniers nous échappe (1354). Ce moine ne semble pas avoir éprouvé les mésaventures de tant de ses confrères. Tandis que le Père Antoine Pavoto de Savigliane, inquisiteur dans la vallée, tué au moment où il sortait de l'église de Briquéras (1374) (2), montre que l'Inquisition et les hérétiques ne s'endormaient, ni les uns, ni les autres. Les assassins étaient-ils des Vaudois, des Cathares ou de simples brigands, on ne le sut pas, car ils ne furent pas découverts.

Le XIVe siècle s'écoula ainsi dans les vallées piémontaises, entre des poursuites plus ou moins fructueuses, et les efforts des sectaires pour y échapper. Il ne paraît pas au reste y avoir eu beaucoup d'exécutions par le feu : plutôt des amendes, d'autres pénitences, quelques exhumations et crémations de cadavres (3).

Parmi les renseignements épars, assez difficiles à concilier, que nous possédons sur les hérétiques des Hautes-Alpes, il en est qui nous montrent, du moins chez les Vaudois italiens, la tendance que nous avons signalée chez leurs frères de France, de s'adresser au Saint-Siège et d'en obtenir des brefs d'absolution. Nicolas V, par exemple, leva l'interdit lancé sur Luserne, en accordant l'absolution même aux relaps réitérés (1453) (4). D'un autre côté, les Vaudois dirigeaient aussi leurs

(1) Cet inquisiteur exerçait ces fonctions avant la mort de Pierre de Ruffia, peut-être avec lui. Comba, 358.

(2) Comba, p. 361, 460.

(3) Comba, p. 362 sq. ; Boffito, *Gli eretici in Piemonte*, p. 9 sq., 41 sq.

(4) Comba, p. 367 ; Rorengo, *Mém. hist.*, p. 19.

plaintes vers les princes de Savoie : ils leur demandaient secours contre les inquisiteurs et contre leurs seigneurs immédiats, coupables, disaient-ils, d'injustices et de cupidité. Sur le sentiment des princes suzerains, nous ne pouvons cependant avoir de doutes, en voyant à Coni leurs officiers prêter leur concours aux inquisiteurs et brûler vingt-deux Vaudois (1). Catholiques, les princes de Savoie l'étaient, en catholiques ils voulaient agir. Même s'ils prenaient la défense de leurs sujets traités injustement, ils n'entendaient nullement favoriser les hérétiques.

On le vit bien dans la suite. Comme l'inquisiteur Jean-André d'Acquapendente avait pris un arrêté ordonnant la confiscation des biens des Vaudois de Luserne, imposant aussi une amende à quiconque leur vendrait ou leur achèterait pour plus d'un florin (1475), le Podestat de Luserne, tout comme les châtelains des environs, fit la sourde oreille. Ils refusèrent tous de faire publier le décret inquisitorial. Afin de vaincre leur résistance, il fallut s'adresser à la duchesse de Savoie, Yolande, veuve du bienheureux Amédée IX, qui par son intervention les contraignit d'obéir (2).

Il se fit aussi, si l'on en croit les traditions locales plus que les documents écrits assez contradictoires (3), il se fit, dis-je, sous le duc Charles Ier de Savoie une véritable expédition armée contre les habitants du val Luserne, avec les prouesses bibliques, les actes de férocité, toutes les scènes habituelles des guerres religieuses. Expédition

(1) *Chronique de Coni*, dans les *Miscell. della Soc. Itali.*, XII, 279 ; Comba, p. 461.

(2) Rorengo, *Mem. hist.*, p. 22 sq. ; Borelli, *Editti antichi e nuovi*, Turin, 1681, IIIe partie, p. 1260 ; Comba, p. 368, sq.

(3) Hahn, t. II, p. 162 sq. ; Leger, t. II, p. 7 ; Brez, t. I, p. 17 ; Perrin, p. 116.

assez stérile au fond, car elle se termina par un compromis entre le duc et ses tenaces sujets (1484). Ballottés ainsi par des fortunes diverses, soutenus toujours, dirigés par leurs intrépides Barbes, les Vaudois des Alpes, passant des moments de persécution à des heures plus calmes, arrivèrent aux temps de la Réforme.

CHAPITRE XI

Les Vaudois après la Réforme.

ARTICLE I. — LES VAUDOIS EMBRASSENT LA RÉFORME PROTESTANTE.

Quand le mouvement commencé par Luther ébranla les esprits de l'Allemagne entière, de la Suisse, on pourrait dire de toute l'Europe, il ne dut naturellement pas s'écouler un long temps, sans que les Vaudois des Alpes en entendissent parler. Qu'étaient ces réformés qui secouaient à leur tour le joug de Rome, prenaient la Bible comme source de leur foi, semblaient cependant de taille à faire reculer devant eux les plus puissants princes? Afin de s'enquérir exactement de ce qui se passait, la communauté de Luserne dépêcha en Allemagne un de ses pasteurs, Martin Gonins. Les relations entre les Vaudois du Piémont et l'Allemagne ne paraissaient pas, au reste, une chose nouvelle. Des communautés vaudoises de la Bohême à celles d'Italie ou de France, il s'était toujours produit un certain échange de lettres, et souvent d'aumônes (1). Nous avons quelques preuves rares, assez décisives cependant, que cette correspondance amicale ne cessa pas, quand le Hussitisme, né au moins de l'esprit vaudois, absorba dans ses sectes, en particulier dans celle des Frères Bohêmes, le plus grand nombre des Vaudois de Bohême. Il fit également sentir son influence sur la dogmatique vaudoise, qui n'adopta plus que deux sacrements, et dont les écrits respirèrent une aversion de plus en plus grande pour l'Eglise romaine (2).

La doctrine vaudoise avait frayé la voie à l'enseignement de Jean Huss. Celui-ci avait réagi sur elle, et par cette réaction, préparé les Vaudois à accepter la doctrine hussite, modifiée par la Réforme. Aussi les livres protestants, apportés d'Allemagne par le barbe Gonins, éveillèrent l'attention des montagnards (3). Trouvant dans leurs pages de nombreuses analogies avec leur doctrine traditionnelle, mais ne saisissant pas tout ce qui semblait s'en éloigner, les Vaudois se résolurent à de nouvelles démarches. Deux nouveaux messagers des Vallées allèrent à leur tour visiter l'Allemagne et la Suisse, virent les principaux Réformateurs, conversèrent avec eux, adoptèrent enfin l'idée de fondre l'église récente réformée avec la vieille congrégation vaudoise. Elles y gagneraient toutes deux, la première, ce je ne sais quel respect qui s'attache aux institu-

(1) Müller, p. 101.

(2) Sur les relations entre la Bohême et le Dauphiné, un document de 1431 a ces paroles : Item nonne etiam in Delphinatu est quædam portio inter montes inclusa, quæ erroribus adhærens prædictis Bohemorum, jam tributum imposuit, levavit et misit eisdem Bohemis, in quibus fautoria manifesta hæresis prædictæ debet judicari ?... » *Mansi, Concil.*, t. XXIX, p. 402 ; Montet, p. 151. Sur l'influence hussite dans les écrits vaudois du xve siècle, V. Montet, *l. c.*, et sq.

(3) Hahn, t. II, p. 157 ; Brunel, p. 215 ; Gilles, p. 30.

tions anciennes ; la seconde, l'ardeur et le renouveau d'une société à son berceau.

Afin d'opérer plus facilement l'union désirable, on décida d'envoyer aux vallées quelques missionnaires réformés. Ils se chargeraient de faire abolir les coutumes catholiques restées encore en usage, de fixer dans le sens réformé les croyances indécises des Vaudois, opérer en un mot leur séparation complète des pasteurs de l'Eglise romaine. Parmi les messagers envoyés dans ce but deux étaient français, Guillaume Farel et Antoine Saunier. Le premier, plus connu, car il fut des plus actifs propagateurs de la Réforme dans le Montbéliard, la Suisse, Genève et le Dauphiné, joignait à ses qualités d'orateur celle d'être de Gap, de connaître par conséquent les montagnards, et probablement d'avoir eu déjà des rapports avec les Vaudois.

Après maintes conférences, on convint de tenir à Angrogne une assemblée générale des Barbes et des pasteurs des pays avoisinant les vallées (1532) (1). L'union finit par y être acceptée ; malgré l'opposition d'une petite minorité, les Vaudois renoncèrent à ce que les Réformés leur présentaient comme un reste des superstitions romaines ; les Barbes, à leur célibat. Le dogme de la justification par la foi, dogme fondamental du protestantisme, compta dès lors parmi ses adhérents les derniers disciples du fondateur des Pauvres de Lyon.

ARTICLE II. — LES PERSÉCUTIONS DES DUCS DE SAVOIE.

Cette décision transformait les Vaudois en protestants. Leur histoire se rattache, à partir de ce

(1) Hahn, t. II, p. 157 sq. ; Brunel, p. 215 ; Gilles, p. 30 sq. ; Muston, t. I, p. 401 ; Perrin, p. 41 sq. ; Benoist O P., *Histoire des Albigeois et des Vaudois ou Barbets*, Paris 1691, t. II, p. 258 sq.

moment, plutôt à celle de la Réforme qui n'est pas de notre sujet. Disons seulement qu'en devenant Réformés, les anciens Vaudois du Piémont furent loin de conquérir la tranquillité. Si l'Inquisition devient impuissante à les poursuivre, les ducs de Savoie, désireux de ne pas laisser le protestantisme s'implanter en Italie, se chargent de la besogne. Ils le font avec rigueur. En fait, malgré certains répits momentanés depuis le règne de Charles III (1534) (1) jusqu'à celui de Victor-Amédée II (1675-1732) la persécution, devenue politique autant que

(1) Voir dans de Thou, liv. 27, t. III, p. 15 et suiv., les arrêtés du Sénat de Turin alors sous la domination française, pour interdire les assemblées vaudoises, arrêtés restés sans sanction. Quand le Piémont eut été rendu à la maison de Savoie (1560), les scènes de violence, les pillages, les supplices se multiplièrent, non sans représailles de la part des Vaudois. Leur résistance acharnée contraignit le comte de la Trinité sous Emmanuel-Philibert I (1560 et 1561) après une campagne fort rude, agrémentée de scènes barbares, comme en ont offert malheureusement les guerres religieuses, à les laisser à peu près en repos. De Thou, *l. c.*, p. 21 sq. Mais la plus cruelle des persécutions souffertes par les Vaudois éclata sous le règne de Charles-Emmanuel II (1637-1678). Une association créée à Turin (1650), *de propaganda fide et extirpandis haereticis*, prit en main la conversion des montagnards. Châtiments pour les obstinés, récompenses aux convertis, missions multipliées, promesses, menaces, flatteries, tous les moyens successivement employés n'obtinrent que des résultats peu sensibles. P. Boyer. *Abrégé de l'histoire des Vaudois*, in-12, La Haye 1691, p. 81 ; Brez, t. II, p. 131 ; Léger, t. II, p. 58 ; Hahn, t. II, p. 173. — Le gouvernement se décida donc à frapper un grand coup. Un décret (janvier 1655) ordonna aux habitants d'un certain nombre de localités d'avoir à quitter leurs demeures, pour se retirer dans certains lieux spécifiés, Bobbi, Villar, Angrogne, Roras et Bonnet, sous peine de mort, à moins de prouver qu'ils s'étaient faits catholiques. Léger, t. II, p. 92 ; Hahn, t. II, p. 175. — Une armée de 15.000 hommes fut chargée de faire exécuter l'édit. Ce fut alors une chasse à l'homme avec des raffinements inouïs de cruauté. Les hommes mutilés, les femmes violées et empalées, les enfants écrasés, et mille horreurs semblables, auraient suffi pour déshonorer cette guerre, trop semblable à la manière de combattre de ce temps. Mais les témoins nous ont transmis d'autres détails plus affreux encore. Ici, on emplissait de poudre la bouche ou le ventre des femmes, que les soldats s'amusaient à faire sauter, là on leur introduisait de force des cailloux dans le ventre, ailleurs on leur coupait les seins, parfois pour les manger. Léger, t. II, p. 109 sq. ; Hahn, t. II, p. 177. Les Vaudois exaspérés prirent les armes ; les protestations des Eglises protestantes d'Allemagne et de Suisse leur servirent d'auxiliaires, et sur l'intervention du roi de France, la paix fut signée une fois de plus, à Pignerol. Hahn, t. II, p. 184 ; Leger, t. II, p. 208 ; Brez, t. II, p. 195.

religieuse, cessa seulement, quand la vaillance des Vaudois en imposa à leurs adversaires, ou lorsque les instances des pays protestants obtinrent une trêve de leurs ennemis. A deux reprises le duc Victor-Amédée II imposa l'exil à de nombreux Vaudois : en 1698, il obligea en effet tous ceux qui n'étaient pas nés dans les vallées de quitter le pays (1) ; en 1730, un nouvel édit ordonna aux habitants de Pragelas de choisir entre le catholicisme ou l'exil.

Sur les instances du roi de France Louis XIV, alors en lutte, lui aussi, avec les Réformés de son royaume, le duc Victor-Amédée avait auparavant (1688) lancé un édit, rappelant certaines ordonnances espagnoles de lugubre mémoire contre les Juifs ou les Maures. Il semblait être une imitation de la révocation de l'Edit de Nantes (1685). D'après sa teneur, les églises et les chapelles devaient être rasées. Le prince accordait généreusement quinze jours aux Vaudois pour se convertir, ou abandonner leurs demeures. Tous les enfants seraient désormais baptisés selon le rite catholique (2). Les condamnés ne se hâtant pas d'obéir, une armée composée de Piémontais et de Français coalisés, se chargea de les décider. Quatorze mille Vaudois se rendirent à merci (1686). On en jeta des masses dans les prisons où onze mille, dit-on, moururent, le reste se dispersa de tous côtés.

Après trois ans d'exil, huit cents de ces montagnards, réfugiés en Allemagne, voulurent rentrer dans leur patrie si divisée. Ils se groupèrent, et dans une expédition qui semble tenir du romanesque, passèrent le lac de Genève, gravirent les montagnes, écrasèrent les troupes envoyées

(1) Trois mille, dit-on, quittèrent le pays et se dispersèrent en Allemagne. Arnaud, *Préface*, p. 20 ; Hahn, t. II, p. 196 ; 225 sq.

(2) Arnaud, p. 12 ; Hahn, t. II, p. 188.

contre eux, et finirent par retrouver leurs vallées bien-aimées. Le duc, ravi de leur courage, dont il espérait tirer parti un jour ou l'autre, leur offrit la paix et renouvela leurs privilèges (1). Sauf les deux exceptions citées plus haut, les Vaudois ne furent plus dans la suite inquiétés d'une manière officielle. La Révolution française, par les changements politiques et moraux qu'elle détermina, fit peu à peu tomber les diverses restrictions dont souffrait encore la liberté des Vaudois. Bien que pauvres, il reste encore, dans les vallées piémontaises, quelques milliers pacifiques des disciples protestantisés de Valdo. Ils sont aidés depuis longtemps par les subsides des églises d'Angleterre ou de Hollande, et jouissent maintenant en paix des droits accordés aux autres citoyens de l'Italie (2).

ARTICLE III. — LES VAUDOIS DE LA PROVENCE.

En communication constante avec leurs frères du Piémont, visités eux aussi par les missionnaires lancés de toutes parts au nom de la Réforme, les Vaudois français ne tardèrent pas, pour leur part, à embrasser le protestantisme. Leur histoire se fond dès ce moment dans celle des protestants français, dont ils vont partager les vicissitudes. Contentons-nous donc de citer quelques faits suffisants à nous donner une idée de leur vie toujours sur le qui-vive, partage longtemps encore des Vaudois du Dauphiné. Le barbe Martin

(1) Arnaud, H., *Histoire de la rentrée des Vaudois dans leurs vallées du Piémont*. Neufchâtel, 1815, p. 209 sq.; Hahn, t. II, p. 191.

(2) Hahn, t. II, p. 200 sq.

Gonins, que nous avons vu aller en Allemagne chercher les premiers livres protestants, et travailler le premier à l'union entre Vaudois et réformés, avait continué à être un des émissaires les plus actifs de la propagation, dans les communautés des Alpes, des livres imprimés en Suisse ou en Allemagne. Passant de la Savoie en Dauphiné avec un chargement de ces ouvrages, il fut traduit devant l'Inquisition de Grenoble, torturé, puis jeté dans l'Isère (1436) (1).

A la même époque, les communautés vaudoises depuis longtemps établies en Provence, laissées jusqu'alors assez tranquilles, ressentirent à leur tour l'effet des passions religieuses, surexcitées par l'apparition de la Réforme. Elles se trouvaient groupées surtout àMérindol (2) et à Cabrières (3).

La première alerte sérieuse remontait au règne de Louis XII. Ce prince ordonna en effet au parlement de Provence de procéder contre les hérétiques dénoncés par les évêques voisins.

Ce ne fut toutefois qu'une alerte. L'esprit de conciliation qui tâchait de remettre la paix dans les hautes montagnes empêcha probablement qu'on poussât les choses trop loin en Provence. Au reste, le rapport des commissaires, envoyés par la cour, se trouva favorable aux Vaudois, (1506) (4).

Quelques années plus tard cependant (1536), les poursuites, reprises par le parlement d'Aix, amenèrent des incarcérations, des résistances et des protestations telles que François Ier, se souciant

(1) Brunel, p. 209, 218.

(2) Canton de Cadenet (Vaucluse).

(3) Cabrières-d'Aigues (Vaucluse), arrondissement d'Apt.

(4) Larousse, *Dictionnaire universel*, art. Mérindol.

peu d'une guerre civile en Provence, ne se faisant probablement pas une idée bien exacte des gens avec qui il avait affaire, fit publier une amnistie, à condition que les Vaudois abjureraient leur erreur dans les six mois (1535) (1). Les six mois se passèrent. Comme, malgré le renouvellement de la première ordonnance, les Vaudois restaient impassibles, sur l'ordre du parlement, cent cinquante furent arrêtés. Un meunier plus compromis, jugé hérétique, monta au bûcher. Son moulin, naturellement, avait été confisqué. Pour qu'il ne pût servir, des jeunes gens de Mérindol allèrent le saccager pendant la nuit. Ces faits montrent l'énervement des esprits. Ils présageaient de plus graves événements.

A la suite de ces premiers incidents, probablement aussi sur de nouvelles plaintes des évêques, qui apprenaient le va-et-vient des pasteurs d'Allemagne au milieu de ces populations déjà plus que suspectes (2), le parlement d'Aix fit citer de nouveau les pères de famille de Mérindol. Trois citations restèrent sans effet. Le président Barthélemy de Chassanée crut pouvoir les condamner au feu par contumace (1540). Leurs femmes et leurs enfants seraient bannis. Comme s'ils étaient coupables de lèse-majesté : les maisons de Mérindol seraient rasées, les arbres coupés au pied, le pays détruit (3). Toutefois les oppositions faites de toutes parts à l'exécution de la sentence, révisable puisqu'il s'agissait de contumace, les re-

(1) Larousse, *Dictionnaire universel*, art. Mérindol.

(2) De Thou, t. I, p. 536.

(3) De Thou, *l. c.*; Lavisse, *Histoire de France*, t. V, p. 121, note, dit qu'il y avait 17 condamnés.

mords aussi de Chassanée firent que, malgré les instantes prières des archevêques d'Aix et d'Arles, l'exécution resta suspendue pendant plusieurs années.

Les commissaires nommés par le roi n'avaient pu trouver les Vaudois dangereux. De plus le cardinal Sadolet, évêque de Carpentras, avait arrêté le zèle du vice-légat d'Avignon, déjà prêt à soutenir le parlement français, en marchant de son côté contre les Vaudois de Cabrières, qui, eux, relevaient de son autorité (1) !

Enfin, — et le changement tenait aux modifications survenues dans la politique relative aux protestants, sur les instances du cardinal de Tournon, bien en cour, — d'après les rapports du nouveau président d'Aix, Jean Meynier, baron d'Oppède, comme les Vaudois restaient obstinés, l'ordre fut donné d'exécuter l'arrêt. On accusait les Vaudois de faire des prosélytes, d'entretenir des hommes armés en nombre suffisant pour tenter un coup de main sur Marseille, de correspondre avec l'étranger. D'Oppède réunit donc des troupes, et le légat d'Avignon, marchant de concert avec le parlement, fournit des hommes accompagnés de quelques canons (2). Suivant la sentence, les districts condamnés furent envahis par les troupes ; elles ravagèrent tout le district de Mérindol, vingt-deux villages y furent brûlés (3). A Cabrières, huit cents hommes découverts dans leurs retraites furent égorgés, les femmes enfermées dans un grenier auquel le président fit mettre le feu (3). On estime que cette

(1) De Thou, *l. c.*; Dareste, *Histoire de France*, t. IV, p. 54.

(2) De Thou, t. I, p. 510 ; Dareste, t. IV, p. 55 ; Bérault-Bercastel, an. 1545, t. IX, p. 250.

(3) De Thou, *l. c.* ; Dareste, *l. c.* ; Larousse art. cit.

expédition de huit jours coûta la vie à trois mille personnes. On avait fait quelques centaines de prisonniers, les uns subirent une sentence de mort, les autres durent servir aux galères (avril 1545) (1).

Les haines, qui avaient donné occasion à cette triste campagne, durent conduire à d'autres forfaits. On connaît du moins les cruautés d'un inquisiteur, Jean de Roma, inventeur d'un nouveau genre de torture. Il faisait chausser aux suspects des bottes pleines de suif bouillant, y mettait des éperons et prenant plaisir à leurs douleurs, leur demandait, en riant, s'ils étaient bien équipés pour leur voyage. François Ier, averti de ces atrocités, donna l'ordre d'arrêter le moine, qui échappa au châtiment des hommes, en se réfugiant à Avignon (2). D'autre part l'expédition de Mérindol et Cabrières avait suscité de violentes critiques. Les plaintes des Vaudois maltraités purent, grâce à des amis influents, se faire entendre à la cour, et leur cause obtint d'être jugée au parlement de Paris. Que les magistrats d'Aix aient fait agir tous les ressorts pour éviter une condamnation, la chose, sans être prouvée, est bien certaine ; aussi ils finirent par être absous. Seul l'avocat général Guérin porta le poids du péché de tous, on le condamna comme auteur des documents falsifiés (3). Sans avoir obtenu du parlement la satisfaction attendue, les Vaudois eurent néanmoins lieu d'être plus satisfaits d'un édit d'Henri II, qui leur rendit leurs biens confisqués et la tranquillité (1549) (4).

(1) De Thou, p. 513 ; Perrin, 220 ; Léger, t. II, p. 331 ; Gilles, p. 47 ; Sleidan, *De statu religionis et reipublicæ*, 1555, lib. 16, p. 258 sq.

(2) De Thou, t. I, p. 514.

(3) De Thou, *l. c.*, p. 515 ; Dareste, t. IV, p. 55, note.

(4) Hahn, t. II, p. 418.

ARTICLE IV. — LES VAUDOIS DES MONTAGNES.

Si nous revenons maintenant aux montagnes de l'Embrunois et du Briançonnais, nous y retrouvons également nos Vaudois ralliés au protestantisme. Soit par le contact de leurs frères italiens, soit par l'influence d'émissaires envoyés de Genève surtout, ils s'étaient décidés à modifier leurs anciennes croyances dans le sens de la justification par la foi. En devenant membres du grand parti réformé dont la naissance était l'occasion d'une surexcitation générale, ils devaient naturellement ressentir le contre-coup des passions religieuses exaltées à outrance. Gap assistait donc au supplice par le feu d'un Vaudois, Etienne Brun de Réotier, condamné au tribunal ecclésiastique d'Embrun (1540) (1).

Quelques années plus tard (1558), l'inquisiteur de France, le dominicain Matthieu Orri faisait promulguer dans chaque paroisse du Dauphiné les édits habituels, ordonnant sous peine d'excommunication de dénoncer tous les hérétiques dont on connaîtrait l'existence, promettant, d'autre part, le pardon à tous les dissidents qui viendraient se dénoncer d'eux-mêmes dans un délai fixe (2). C'était, dans le Dauphiné, l'Inquisition avec toutes les règles ; pour les vallées, une nouvelle période de crainte. Nous ne savons pas si des supplices suivirent la promulgation des édits inquisitoriaux. Les tempêtes, suite de la commotion religieuse soulevée par l'organisation du parti protestant en France, n'allaient cependant pas les laisser tout à fait indemnes.

(1) Brunel, p. 225.

(2) Brunel, p. 227.

Résumons en deux mots leur histoire, à partir de cette époque. Autour d'eux et parmi eux, des églises protestantes s'étaient créées qui fournirent leur contingent, procurèrent des subsides ou des hommes au duc de Lesdiguières, dans les luttes engagées en Dauphiné, comme partout, entre la Ligue et les partisans d'Henri IV (1). Embrun, prise d'assaut par le duc, vit convertir sa cathédrale en temple protestant, jusqu'à ce que l'Edit de Nantes apportât à la France une paix longtemps désirée. Les montagnes vaudoises s'en réjouirent (2) (1598). La révocation de l'Edit sous Louis XIV amena, au contraire, la démolition de quelques temples. Il en résulta une agitation, de courte durée cependant. Les Vaudois restèrent ensuite tranquilles dans les vallées, où la Révolution vint les trouver, leur apportant la liberté définitive.

Il y en a, paraît-il, quelques centaines encore dans la haute vallée de Freyssinières. Ce pays leur est cher, mais la terre y est ingrate. Déjà quelques-uns de ces vaillants montagnards ont transplanté leur demeure en Algérie. Ils seront probablement suivis tôt ou tard du reste de leurs coreligionnaires, heureux de trouver, sous un climat plus fortuné, les moyens de vivre que ne leur fournit plus leur ancienne patrie (3).

(1) Brunel, p. 227.

(2) Brunel, p. 251 sq.

(3) Brunel, p. 289 sq.

TABLE DES MATIÈRES

Pages

CHAPITRE V

LES DOCTRINES DES VAUDOIS

CHAPITRE VI

LES PREMIÈRES PERSÉCUTIONS

CHAPITRE VII

L'INQUISITION DU LANGUEDOC

CHAPITRE VIII

LES VAUDOIS DES ALPES

CHAPITRE IX

LES DERNIÈRES PERSÉCUTIONS DANS LES ALPES FRANÇAISES

CHAPITRE X

LES VAUDOIS DES VALLÉES ITALIENNES

Pages

CHAPITRE XI

LES VAUDOIS APRÈS LA RÉFORME

1120-07. — Imp. des Orph.-Appr., F. Blétit, 40, rue La Fontaine. Paris.

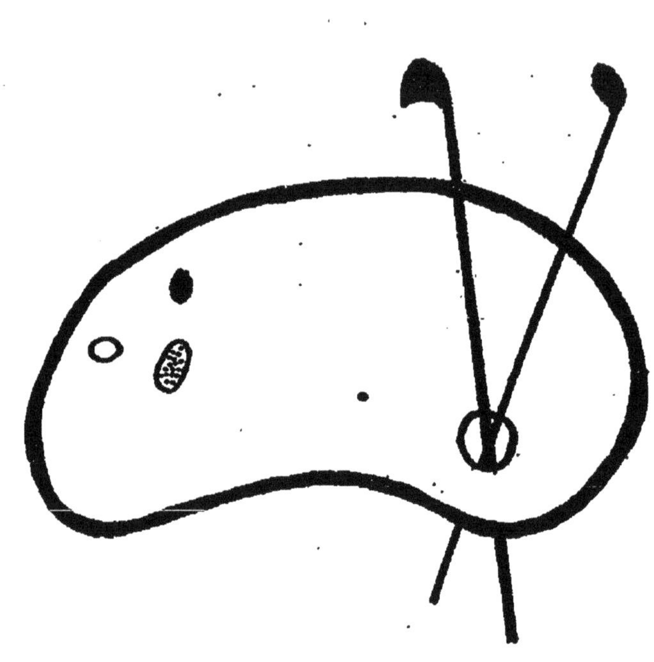

www.ingramcontent.com/pod-product-compliance
Ingram Content Group UK Ltd.
Pitfield, Milton Keynes, MK11 3LW, UK
UKHW051021210726
13857UKWH00007B/1076

9 782012 851870